« L'AVENTURE CONTINUE »
Collection dirigée par
Patrice Franceschi, Laurent Laffont et Didier Regnier

GÉRARD D'ABOVILLE

SEUL

ROBERT LAFFONT

ISBN 2-221-07422-X

De tous les animaux, l'homme est celui qui s'adapte le plus facilement, non seulement aux climats les plus extrêmes, mais aux conditions de vie les plus extravagantes.

J'ajouterai à ces mots d'Henry de Monfreid que l'homme doit cette capacité d'adaptation à une faculté qui lui est propre : le rêve, l'espoir.

Je dédie ce livre à tous ceux pour qui cette traversée aura été l'occasion de retrouver une parcelle d'espoir.

On dit qu'avec le temps les pires souvenirs deviennent de bons souvenirs. Ceux-là, rien ne les changera, horribles ils resteront.

Jamais je n'oublierai ces chavirements, surtout celui où le bateau a sanci, où, boule de nerfs à vif, précipité contre la cloison, j'ai vécu le choc final qui allait tout exploser, le hurlement de bête que j'ai alors poussé.

Jamais non plus je n'oublierai ces luttes pour la vie, les forces qui s'épuisent en quelques minutes, le goût de l'eau de mer dans les poumons. Le goût de la mort.

Et tout cela seul, seul, seul.

1.

Un grand rouleau de rêves sous le bras

J'aime fouiner dans les chantiers de démolition de navires. J'y retrouve, à l'échelle de l'adulte, les sortilèges du grenier de mon enfance, alliés à ma passion : les bateaux.

De vieilles portes de coursives, en teck, me rappellent les aménagements de l'antique cargo sur lequel je tournai la page de mes vingt ans en partant naviguer autour du monde. Massifs, des hublots en bronze aux verres épais et aux charnières formidables me racontent les cyclones de l'océan Indien et les vagues monstrueuses auxquelles ils ont tenu tête. Autour d'une cheminée haute et grêle qui devait cracher la fumée noire d'une antique chafuste, je reconstitue un chalutier du début du siècle labourant la mer du Nord.

C'est dans un tel décor, du côté d'Anvers, qu'un beau jour de 1984, j'eus l'œil attiré par une photo jaunie, sur une pile de vieux matelas : un équipage pose fièrement devant la passerelle d'un bananier ; le capitaine a sur la tête un casque colonial...

Entre deux paillasses, une pile de cartes marines et de *pilot charts* réformées depuis belle lurette n'avaient d'autre espoir que de renaître sous forme de papier recyclé, si les souris leur en laissaient le temps.

Les pilots charts sont de grands documents sur lesquels figurent, en surimpression sur une carte marine, des indications statistiques concernant les vents, les courants, les parcours habituels des typhons, et quelques autres caprices météorologiques. Il y a une carte pour chaque mois. Après de laborieuses recherches, je reconstituai la collection du Pacifique Nord pour les douze mois de l'année et je repartis pour Paris avec sous le bras un grand rouleau de rêves.

Je n'avais certainement pas alors l'idée bien arrêtée de traverser un jour le Pacifique à l'aviron. Quatre ans plus tôt, pour réussir la traversée de l'Atlantique, j'avais mis dans la balance toutes mes connaissances, toute mon énergie. Au terme de cette épreuve longue de soixante-douze jours, je croyais avoir atteint mon maximum et sérieusement entamé – au cours de cinq chavirements – mon capital chance.

Et pourtant, de temps à autre, je me plongeais dans la contemplation de ces cartes, sentiment de curiosité d'abord, je jouais avec le feu, et bientôt la pente fatale : si c'était à faire, voilà comment je m'y prendrais...

Pour traverser un océan à l'aviron, le navigateur doit tenir compte des vents dominants et des courants de surface, en général liés à ces vents. Pas moyen, avec un canot à rames lourdement chargé, de lutter durablement contre les vents et la puissance de la mer. Le choix du point de départ et de la route est donc déterminant.

La traversée la plus longue mais aussi la plus « confortable » serait, comme pour un petit voilier, d'est en ouest, en partant de la Californie ou du Mexique et en s'efforçant de rejoindre au plus vite les alizés, vents assez réguliers et de direction favorable, tempêtes rares, climat agréable.

Cette traversée avait été réalisée en 1982 par l'anglais Peter Bird, parti de San Francisco et arrivé en Australie dix mois plus tard, mais mon idée, qui peu à peu prend corps, est de réaliser, comme je l'avais fait sur l'Atlantique, un parcours d'ouest en est, par le nord de l'Océan. Là, le passage des dépressions et les fréquents coups de vent promettent une traversée sans doute plus rapide, mais aussi tellement plus agitée, plus dangereuse. C'est en quelque sorte l'équivalent d'une face nord en montagne.

Les années passent... Je suis revenu à la voile en traversant la mer de Chine à bord d'un minuscule catamaran de sport, puis, ayant découvert aux Philippines le plus grand paradis nautique du monde, j'y organise des raids, toujours en catamarans de sport, mais cette fois l'aventure consiste pour moi à assurer l'encadrement d'une course et le support logistique de deux cents personnes en totale autonomie pendant trois semaines.

Pendant ce temps, sur la plus haute étagère de mon bureau, presque inaccessible, le rouleau de cartes attend son heure...

1990 : l'âge, l'usure, les affaires, des associations funestes, un certain ennui... Confusément, je sens que j'ai besoin de me laver l'esprit, de me retrouver, de livrer un vrai combat. Un combat où j'investirais toutes les qualités d'audace, de ténacité, de courage dont je dispose; toute mon expérience, tout mon sens de la mer. Un combat dans lequel je me donnerais corps et âme, animé par de vraies valeurs, et dont la réussite ne serait due qu'à moi-même.

Le rouleau de cartes est sur ma table.

A l'automne 1990, je n'ai encore confié à personne mon projet de traversée du Pacifique. Pourtant, l'idée est bien là. A mes moments perdus, je crayonne des plans de bateau. Un ami, Louis-Noël, me parle d'une société suisse, Sector, qui fabrique des montres de sport. La communication de cette firme est fondée sur le défi, le dépassement.

Ses dirigeants recherchent des événements individuels, de dimension internationale, pour illustrer leur concept : *No limits.* Présents sur les marchés japonais et américain, ils s'apprêtent à s'implanter en France. A croire qu'ils ont été inventés pour moi !

Mais ne rêvons pas : depuis la traversée de l'Atlantique jusqu'aux raids en mer de Chine, en passant par un rallye Paris-Dakar ou des régates de yoles de mer, combien de fois n'ai-je pas trouvé « le sponsor idéal », celui pour qui mon projet me semblait un moyen de promotion parfait? Mais entre l'encouragement amical, voire un intérêt réel, et la signature d'un contrat, il y a un monde. Un monde dans lequel mon ami Christophe, conducteur émérite, et saint Christophe, patron des conducteurs émérites, m'ont été tous deux d'un grand secours.

Quoi de moins agressif qu'une Fiat 500? Minuscule, formes rondes, moteur dérisoire, aspect sympathique et rétro, tout dans cette auto-jouet inspire l'indulgence du piéton le plus sectaire, la condescendance amusée des autres automobilistes, la bienveillance même de l'écologiste convaincu. Et pourtant... Mettez Christophe au volant, et voici l'anodin véhicule métamorphosé en missile. Malheur à qui s'approchera de sa trajectoire. Tout autre automobiliste est une incongruité, tout piéton une nuisance, tout virage une aubaine, tout agent de la circulation un ennemi. Voici la plus paisible place de village transformée en un univers où pitié et sentiments humains n'ont plus cours.

Mais la position la plus inconfortable est celle de l'infortuné passager. Séparé du reste d'un monde devenu soudain hostile par une tôle un peu mince, il se ratatine et s'enfonce dans son siège, tentant dans une même contraction de se densifier à l'extrême dans l'espoir d'échapper aux regards vengeurs et dans l'attente du choc ultime.

Vingt-cinq ans, célibataire, un physique de tombeur, Christophe n'a vis-à-vis des demoiselles que l'embarras du choix, mais il semble qu'il entende garder cet embarras le plus longtemps possible. Quand l'une des élues se fait trop exclusive, une traversée de la place de l'Étoile à bord de *La Pustule* – c'est le nom du bolide – suffit en général à lui remettre les idées en place. La malheureuse pense qu'à tout prendre, mieux vaut la vie sans Christophe que la mort certaine et s'empresse de retourner chez sa mère, en métro.

Mais laissons là sa vie privée qui pourrait faire

l'objet d'un autre ouvrage dont le titre ne serait pas *Seul*, pour nous pencher sur la vie professionnelle du bourreau des cœurs et des boîtes de vitesses.

Christophe travaillait avec moi à l'organisation du dernier raid en mer de Chine. Avec moi, il s'est trouvé sans emploi.

Je lui avais parlé du Pacifique, il avait été enthousiasmé par le projet. Contrairement à l'Atlantique, j'étais décidé à monter une opération très complète, à proposer à un sponsor éventuel un plan de communication et à le gérer moi-même ou tout au moins avec l'aide d'une équipe constituée autour de moi. Il me fallait trouver quelqu'un capable de prendre toute décision en mon absence, de faire face à une situation de crise au cas où, par exemple, je ne donnerais plus de nouvelles pendant des semaines, et surtout en qui je pourrais avoir une confiance absolue. En choisissant Christophe, je ne me trompais pas, d'autant plus qu'un esprit vif et un sens de l'humour à toute épreuve devaient nous aider à partager et à supporter les périodes bien difficiles qui précéderont le départ.

J'avoue aussi que, même si le raisonnement échappe à la logique, il m'est arrivé de penser, en traversant Paris dans son bolide, que si le sort m'épargnait jusqu'à mon départ, c'est que vraiment rien ne pouvait m'arriver.

Christophe et moi obtenons une première entrevue avec les dirigeants de Sector. Ils nous reçoivent dans leurs bureaux de Lausanne. Départ en train à l'aube. Nous venons de nous rendre à la gare à moto sous une pluie battante. Une fois dans le compartiment, trempés, nous n'avons pas d'autre ressource que de nous mettre en caleçons pour faire sécher nos vêtements... A la frontière suisse, contrôle des papiers. Je m'aperçois que, dans la précipitation du départ, j'ai oublié mon passeport! En désespoir de cause, je montre au douanier helvétique un vieux *Paris Match* qui relate, photos à l'appui, ma traversée de l'Atlantique... Le douanier constate qu'il s'agit bien du même homme, avec quelques cheveux en moins et murmure en tamponnant le magazine : « Ça va, mais un *Paris Match*, c'est quand même moins pratique à transporter qu'un passeport... »

Bon contact avec Sector, le projet semble leur plaire, on dirait que nous sommes sur la bonne voie.

On se fait souvent une idée fausse du parrainage sportif. Tout projet coûte cher. Les entreprises qui paraissent les plus insensées sont celles qui réclament la plus grande rigueur, les plus gros efforts de préparation, une équipe compétente et du même coup des budgets conséquents.

Pour qui n'a pas une fortune personnelle, le sponsoring a ceci de bon qu'il permet à de tels projets de voir le jour.

Le sponsor choisit entre deux types d'engagement publicitaire (qu'il peut bien sûr coupler) : une politique de communication « traditionnelle » comme l'affichage ou le spot télévisé, ou une association au projet d'un individu ou d'une équipe, souvent dans le domaine du sport.

Dans le premier cas, les retombées sont en partie

prévisibles, donc évaluables. Dans le second interviennent des notions subjectives comme la sympathie personnelle, une harmonie entre les images des deux « entreprises » (la firme et le projet) et surtout le risque, notamment si le brillant sportif se plante misérablement. Après avoir constaté les nombreuses concordances avec mon équipée (l'axe Japon-États-Unis France, la montre instrument de base de la navigation, sa résistance aux pires intempéries, etc.), Sector n'avait plus qu'à peser les risques et parier sur mon succès. Dans cette hypothèse, la mise serait plus que largement récupérée.

Dossier, discussion, compléments au dossier, projet de contrat et... guerre du Golfe qui paralyse brutalement toutes les actions publicitaires... Dans une telle conjoncture, il va falloir plus que de l'optimisme à un sponsor, quel qu'il soit, pour se lancer dans un projet aussi aléatoire. Se faire confiance à soi-même sur un challenge si ambitieux, c'est déjà peu évident, mais faire confiance à un inconnu et dans un domaine qui vous est totalement étranger, cela devient quasiment téméraire.

Et pourtant le contrat est enfin signé. Il respecte mes conditions. Je suis entièrement responsable de la partie nautique, du choix de mon équipe, du matériel, du chantier qui construira le bateau, de la date de départ et du film qui sera réalisé. En outre – et je ne pouvais que l'espérer au départ –, nos partenaires se montreront discrets. Ni fanfares ni banderoles... Mon bateau aurait pu être affublé d'un nom plus commercial tel que *Sector Sportwatches*, ce ne fut pas le cas. Or, en France, on ignorait à l'époque que Sector était un fabricant de montres. Ce qui ne l'empêchera pas de le faire savoir et de tirer parti de l'événement. Mais tout se fera avec classe.

Il me faut d'abord un bateau parfaitement adapté. Il ne ressemblera à rien de connu. Je ne vais pas le trouver dans le catalogue de la Redoute. Bernard Fournier Le Ray, ami de longue date, va le construire.

C'est déjà avec Bernard que j'avais fabriqué le bateau de ma traversée de l'Atlantique. Depuis cette époque héroïque, il a monté un chantier naval à La Trinité-sur-Mer, à mon avis le meilleur dans sa catégorie. Bernard est une espèce de sorcier des prototypes extrêmes. En matière de bateaux, je suis assez perfectionniste, tatillon même, ce que l'on me pardonnera vu l'usage que j'en fais. Je devais pouvoir accorder une confiance totale à l'équipe responsable de *Sector*. Très rigoureux, Bernard respecte toujours les délais de livraison, qualité rare dans la profession. Quand je lui avais parlé de mon projet fin décembre 1990, il m'avait clairement dit non ; il était débordé. Je savais que Bernard, plutôt que de remplir à tout prix un carnet de commandes, affichait volontiers un pessimisme de façade propre à décourager plus d'un client Pas moi : je connaissais le personnage. A la fin de janvier, je revins à la charge. Quand Bernard me répondit : « Ça me paraît très difficile », aucun doute, c'était gagné.

Début mars, le travail commençait.

Ma famille n'était au courant que depuis peu. Cornélia, ma femme, sait bien que je prends ce genre de décision seul et que toute tentative de m'en dissuader me mettrait dans une situation impossible.

En parler plus tôt, alors que rien n'était sûr, c'était

prendre le risque de l'inquiéter inutilement. Ayant navigué avec moi, y compris dans les pires conditions, elle sait parfaitement ce que représente une telle traversée : il ne me viendrait pas à l'idée d'en minimiser les dangers. Quand je lui ai dit que ce serait *dur*, elle savait la valeur qu'il fallait donner à ce mot.

Si Cornélia n'a pas eu les réactions négatives qu'on peut facilement imaginer à l'annonce d'une telle nouvelle, ce n'est pas seulement par intelligence, c'est-à-dire une forme supérieure de compréhension, mais d'abord en raison de la confiance profonde qu'elle a d'emblée accordée à mon projet. Guillaume et Ann, quinze et dix ans, ont réagi chacun avec leur sensibilité propre : lui, réservé comme moi, en intériorisant ses sentiments, elle, filant dans sa chambre pour pleurer. Par la suite, j'aurai bien des occasions de constater que cette traversée n'a pas été éprouvante que pour moi.

Égoïste? Je le suis certainement. Mais vaut-il mieux leur donner l'image d'un père qui renonce ou l'exemple de celui qui va au bout de lui-même, au risque de disparaître?

En avril, je passe huit jours au Japon pour repérer sur la côte mon point de départ. Mon choix se porte sur le port de Choshi. A moins de cent kilomètres de Tokyo, et plus près encore de l'aéroport, Choshi se trouve à l'extrémité d'un promontoire, une sorte de nez pointé vers le large, vers l'est, ma direction. En partant de là, j'éviterai le trafic dangereux de la baie de Tokyo et du port de Yokohama, et pourrai gagner la haute mer en minimisant les risques d'abordage.

De retour à Paris, j'annonce officiellement mon projet de traversée. Les journalistes invités à une conférence de presse au Cercle de la Mer ont reçu un carton sur lequel figure une carte du Pacifique, avec d'un côté :

« *Le 20 septembre 1980, à l'arrivée de sa traversée de l'Atlantique à l'aviron, Gérard d'Aboville déclare : " S'il y a une chose dont je suis sûr, c'est que jamais je ne repartirai dans une telle galère ! "* »

et de l'autre :

« *Paris, 24 avril 1991 : " J'ai appris qu'on ne pouvait être sûr de rien, de personne, et surtout pas de soi-même. "* »

Onze ans plus tôt, dans les mêmes circonstances et presque au même endroit, la présentation de mon premier projet avait littéralement pétrifié l'auditoire. Je reconnais quelques têtes. En onze ans, ils n'ont pas rajeuni... Ils doivent penser la même chose de moi !

Et ce fut le mois de mai. Un mois catastrophique en France. Par le jeu des jours fériés en milieu de semaine, des ponts, et de quelques congés habilement pris ici ou là, le pays est quasiment sinistré. Inlassablement, Bernard, dont l'équipe travaille jour et nuit pour tenir les délais, m'appelle pour réclamer tel ou tel élément d'accastillage, les panneaux solaires, les batteries...

Sector prend forme, construit dans les matériaux composites les plus avancés. Coque et pont sont fabriqués avec une mousse à cellules fermées de 15 millimètres d'épaisseur (qui n'absorberait pas l'eau si elle était immergée) comprise entre deux couches de fibres de carbone de moins d'un millimètre.

Si l'ensemble est monobloc, d'une absolue rigidité et extrêmement solide pour un poids réduit, il y a un inconvénient : pas question, après la fabrication, de percer ni de visser à travers la coque si on n'a pas prévu à l'avance renforts et inserts. C'est pourquoi Bernard a besoin, dès le début de la construction, d'approvisionner tous les accessoires qui viendront se fixer sur le pont, dans le bateau ou dans le cockpit.

Depuis notre bureau d'Issy-les-Moulineaux, Christophe et moi passons nos journées au téléphone, enragés car il n'y a personne pour nous répondre. Faisant le pont entre les ponts, les décisionnaires sont injoignables, la plupart du temps partis sans laisser d'instructions, tout au moins en ce qui concerne des problèmes aussi mineurs que les miens...

Ces jours qui s'enfuient ne sont pas des moments de repos ! Ils ne contribuent pas non plus à m'entraîner physiquement. Il est vrai que mon projet ne requiert pas de préparation musculaire particulière. Pas besoin pour moi d'être un athlète, mais il est impératif que je sois en parfaite santé. Et surtout que je m'assure qu'aucun gros pépin ne surviendra dans les six mois. Six mois loin de tout médecin et tout hôpital. C'est pourquoi, le 21 mai, je me retrouve traversé de part en part de la façon la plus indiscrète par une série de longs tubes, heureusement de faible diamètre, terminés par des caméras miniatures. J'ai la consolation de pouvoir suivre cet étonnant voyage à l'intérieur de moi sur un écran de télévision.

Enfin... je me serais bien passé de cette introspection originale, mais, après tout, à quarante-cinq ans, il se peut que la bête fatigue et ne le dise pas. Je quitte l'hôpital Cochin déclaré « bon pour le service » par le professeur Boissonas.

Pendant ce temps-là, Bernard a mis la dernière main à son nouveau-né : au sortir du chantier, *Sector* a fière allure.

Je ne vais pas trop m'étendre ici sur la description du bateau avec ses trois compartiments :

– à l'arrière, étanche, la cabine,

– au centre, un cockpit découvert, mon poste de nage [1],

– à l'avant, étanche, la soute.

Huit mètres de long, 1,60 mètre de large, 250 kilos à vide, 650 à pleine charge.

Sur une remorque, *Sector* prend la route de Kérantré, notre maison familiale en Bretagne.

Son séjour commence par une cérémonie tout à fait imprévue, du moins pour moi. Ma mère m'avait bien demandé, très incidemment, si quelques per-

1. En mer, ramer se dit *nager,* terme que j'emploierai quand aucune confusion ne sera possible.

1 Peak AV
2 Cloison étanche
3 Puits de dérive AV
4 Dérive AV
5 Tunnel avirons
6 Caissons à vivres
7 Antenne Télex
8 Panneaux solaires
9 Dame de nage
10 Filtre eau de mer
11 Pompe de désalinisation d'eau de mer attelée
12 Siège à coulisse
13 Ballast central bâbord
14 Compas
15 Antenne B.L.U.
16 Réchaud à gaz
17 Commande du gouvernail

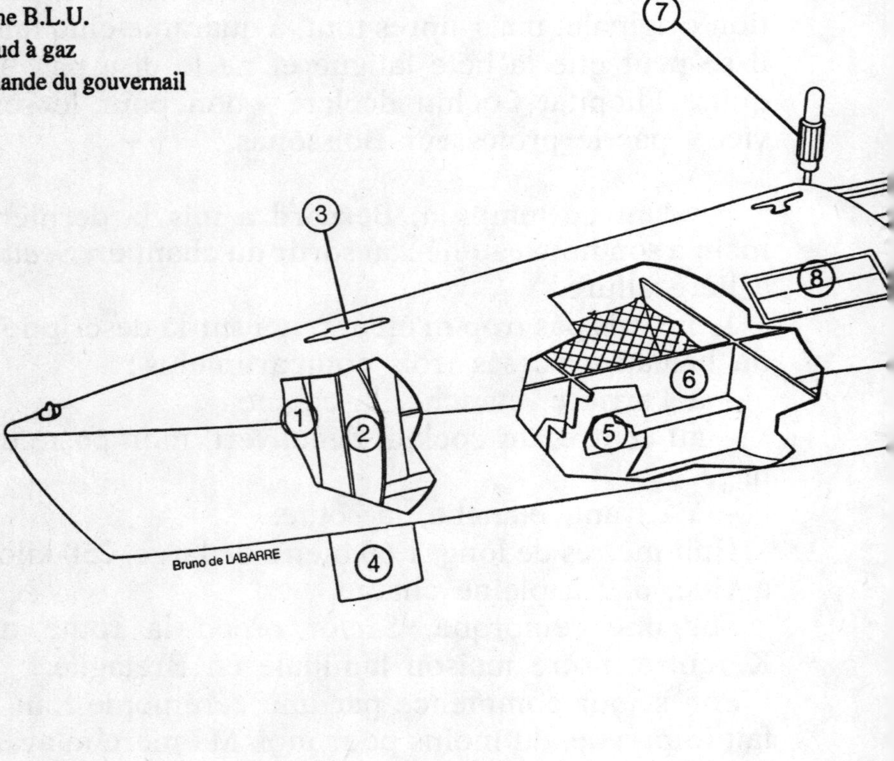

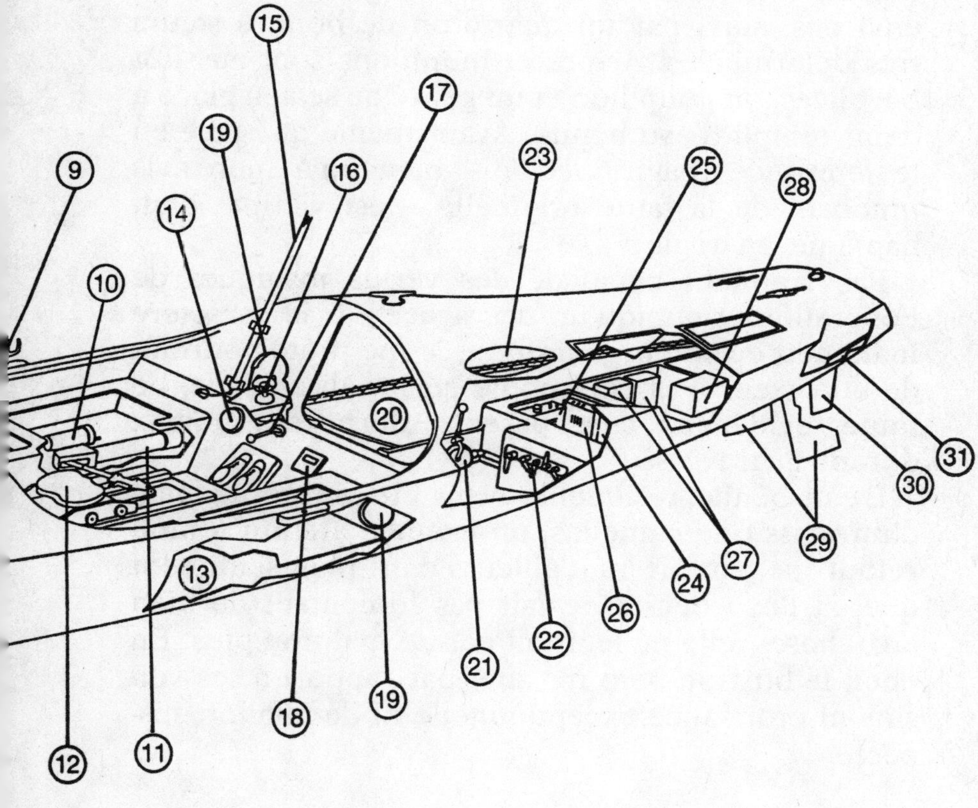

18 Répétiteur du Loch
19 Hublots ouvrants
20 Couchette
21 Pompe de transfert eau de mer
22 Vannes transfert eau de mer
23 Hublot bâbord
24 Coffre étanche
25 Emetteur récepteur radio
26 Coffret Télex
27 Coffrets batteries Cd. Ni.
28 Coffret de distribution électricité
29 Dérives arrière
30 Safran du gouvernail
31 Ballast arrière

sonnes du voisinage pourraient venir admirer l'engin, ce que j'avais évidemment accepté.

Sector à peine arrivé, surgit un commando de la foi. En tête, l'aumônier d'un collège religieux des environs, suivi par un quarteron de bonnes sœurs très déterminées. Armes et munitions sont aussitôt dévoilées, un goupillon et un genre de seau à glace à demi rempli d'eau bénite. Avant même que j'aie eu le temps de réagir, *Sector* – bien qu'à mon avis innocent de la faute originelle – est victime d'un baptême en règle !

Pas vraiment persuadé des vertus magiques de l'opération et quoiqu'un peu agacé par le caractère inattendu de son organisation, je me prête pourtant de bon cœur à la cérémonie en me disant que, de toute évidence, mes parents dormiront mieux durant la traversée.

L'eau bénite résiduelle ayant été versée au pied d'un massif de camélias, un examen attentif à mon retour me confortera d'ailleurs dans mon sentiment que, si l'eau bénite ne fait pas forcément de bien aux choses, elle ne leur fait pas de mal non plus. En effet, le buisson béni n'a subi par rapport à ses voisins ni croissance exceptionnelle ni défoliation suspecte.

Le même jour à quelques kilomètres de Kérantré, les ouvrières de la charcuterie industrielle Ono de Pontivy n'en croient pas leurs yeux. Au bout de la chaîne, entre deux jambons sous vide, apparaît un pull, dans le même type d'emballage... Puis, parmi les saucissons, voici des paires de chaussettes ou des

T-shirts ! Grâce à la complicité du directeur, Christophe a trouvé le moyen idéal pour protéger les vêtements que j'emporterai.

16 juin. *Sector* s'envole dans les soutes d'un avion-cargo d'Air France. Destination : le Japon. Nous le rejoindrons demain. Je reste obsédé par le temps perdu. Angoissé à l'idée d'en perdre encore... Le Japon est un pays tellement compliqué !

Cornélia, Guillaume et Ann m'accompagnent à l'aéroport. Je ne suis pas du genre « grandes effusions » au moment des départs ; dans les autres moments non plus, d'ailleurs.

De part et d'autre, on efface l'émotion en allégeant les formalités... Mesurent-ils vraiment ? Et moi, qu'est-ce que je mesure, exactement ?

2.

« Good luck ! »

Ce 17 juin 1991, en atterrissant à l'aéroport de Narita, à la périphérie de Tokyo, je n'ai qu'une envie : partir sur l'Océan au plus vite. Depuis six mois, je ne fais que me débattre avec des fournisseurs, des bureaucrates, des financiers. Les retards accumulés dans l'aménagement du bateau m'ont miné.

D'après mes plans de route les plus optimistes, la traversée du Pacifique Nord devrait durer quatre à cinq mois. J'ai donc prévu de partir du Japon au printemps pour atteindre la côte américaine au début de l'automne. Je sais que, à partir d'octobre, les conditions climatiques sur le Pacifique Nord changent du tout au tout : les tempêtes deviennent fréquentes et longues, la mer reste formée, très dangereuse pour un petit bateau comme le mien, enfin les jours raccourcissent et il fait froid.

Cette perspective d'un retard par rapport à mes prévisions me hante depuis Paris. Je suis engagé dans une course contre la montre dont l'issue met en jeu non seulement mes chances de succès, mais aussi ma vie. En inaugurant mon agenda de l'année 1991, j'avais anticipé les événements, notant, à la date du 2 juin : *départ possible*. Un calcul raisonnable pour un projet fou. C'était compter sans cette maudite guerre du Golfe qui allait éclater à la fin de janvier, et sans les « ponts » de mai.

Déjà deux semaines de retard. Et ce ne sera pas au Japon – j'aurai l'occasion de m'en apercevoir –, que je referai mon handicap !

Ma première démarche, en débarquant de l'avion, est de rendre visite aux autorités maritimes du port de Choshi.

Je suis accompagné par Mitsuru, mon guide et interprète, aussi efficace qu'attentionné. Dans le bureau de la capitainerie, nous laissons nos chaussures devant la porte pour évoluer sur un linoléum impeccablement ciré. Devant moi se tiennent une demi-douzaine de fonctionnaires qui hochent la tête en se demandant ce que vient faire ce Français au projet invraisemblable : la traversée à l'aviron du Pacifique Nord ! Si, partout ailleurs, mon entreprise a de quoi surprendre, ici, au Japon, où l'exploit individuel n'a pratiquement pas cours, où toute décision relève du groupe et réclame de longues discussions à chaque échelon de la hiérarchie, c'est carrément à un mur d'incompréhension que je me heurte.

L'annonce de l'arrivée imminente du bateau plonge visiblement nos interlocuteurs dans l'embarras. Sachant que l'affaire sera ardue, j'ai apporté, en bon représentant, un matériel de démonstration très concret. Une maquette doit me permettre de leur donner une idée précise de mon embarcation. Je crois les avoir convaincus du sérieux de ma démarche quand je m'aperçois, à ma plus grande stupeur, que l'un de mes interlocuteurs a déduit de mes propos que je suis le fabricant d'une maquette venu solliciter l'autorisation de la faire naviguer dans le port! La présentation de mon article n° 2, la balise de détresse – qu'ils avaient tout d'abord prise pour la télécommande de la maquette –, efface les derniers quiproquos mais déclenche parmi mes interlocuteurs une avalanche de questions techniques auxquelles je réponds comme je le peux, l'essentiel étant d'avoir l'air de tout savoir. Lequel osera le premier avancer une opinion? En l'absence du moindre règlement, un fonctionnaire, quelle que soit sa nationalité, est vite désorienté... Tandis que les subordonnés font mine de s'absorber dans le classement de leurs dossiers, les chefs se retirent deux par deux afin de confronter leurs interrogations dans un bureau voisin. Il est 17 h 50 et les services ferment dans dix minutes... La situation est critique : je dois me rendre le lendemain à Tokyo pour la conférence de presse. Je sors alors ma botte secrète : le livre de ma traversée de l'Atlantique, illustré de photos, et surtout gage du sérieux de mes entreprises. Heureuse intervention, car elle fournit au grand chef le moyen de sortir de l'impasse sans perdre la face.

– Et quand vous êtes parti des États-Unis, que vous ont dit les autorités?

– « Good luck. »

Nouvel aparté dans le bureau contigu. Enfin l'un des fonctionnaires reparaît pour me dire :

– Good luck!

18 juin, de retour à Tokyo.

L'agent du sponsor, Jack Sagazaki, a bien fait les choses. La salle est pleine de journalistes attentifs. L'ambassadeur de France honore de sa présence cette conférence de presse et apporte ainsi une forme de caution à ce projet insensé qui en a bien besoin.

Pendant les discours d'introduction des uns et des autres, je repense à la conférence de Paris quelques semaines auparavant.

Au premier rang des spectateurs, nous avions placé un représentant de l'ambassade du Japon. Le lendemain, je lui avais téléphoné pour lui demander, maintenant qu'il était bien au courant du projet, s'il pouvait me faire une petite lettre d'introduction pour expliquer, en japonais, l'intérêt de l'entreprise et l'importance des retombées qu'elle aurait peut-être en France. Après dix bonnes secondes d'hésitation, il m'avait répondu, très gêné, que la chose n'était vraiment pas possible. « Vous comprenez, si tout le monde faisait comme vous ! Et puis il faut que j'en parle à mes collègues »... Je venais de prendre ma première leçon de mentalité japonaise.

Francesco Iacono, le directeur de marketing de Sector, explique pourquoi sa société parraine l'opération, puis je prends la parole.

Comme à Paris, je m'étends longuement sur le parcours. J'explique les raisons qui ont motivé le choix de cette route et mon départ du Japon.

J'insiste sur les communications et donc sur les

moyens de transmissions dont j'ai équipé mon bateau, radio et télex par satellites.

Description très complète de *Sector*, maquette à l'appui, et nous passons aux questions :

– Où sont vos toilettes?

– Pardon?

– Oui, sur le plan ou sur la maquette, nous ne voyons ni douche ni w.-c. Comment ferez-vous?

Un peu désorienté par cette question à laquelle je ne m'attendais vraiment pas, je tente une diversion bien française, sur le mode humoristique :

– Eh bien, mes toilettes, c'est tout autour du bateau.

Comme mon interlocuteur ne semble pas renseigné pour autant, je précise, sans réaliser que l'humour n'a pas cours ici pour les choses sérieuses :

– Oui, on peut dire que je serai le premier homme à traverser à la rame sa propre fosse d'aisances...

Sentant que je fais fausse route et craignant une interprétation désastreuse sur le plan de l'écologie, j'ajoute finement :

– Je serai aussi le premier homme, grâce à mes pompes à dessaler l'eau de mer, à boire pendant cinq mois l'eau de sa fosse d'aisances.

Rires dans le coin français de la salle, incompréhension totale ailleurs. Le soir même, un quotidien nippon publiera un assez joli dessin des aménagements du bateau, avec toilettes et petite douche!

Autre question :

– Quand partez-vous?

– Le temps de vérifier l'équipement du bateau, et ensuite dès qu'il fera beau.

– Ah bon! C'est-à-dire quand?

C'est vrai, nous sommes au Japon, ici un projet sérieux ne peut se concevoir sans un programme établi à l'avance avec précision et suivi rigoureusement.

– Heu... disons... à partir du 23...

19 juin. L'équipe se complète peu à peu. Équipe vidéo, photographe, envoyée de France Info et, parmi les derniers arrivants, Bruno.

Je connais Bruno depuis près de trente ans. C'est avec lui que j'avais dessiné le *Capitaine-Cook* avec lequel j'ai traversé en 1980 l'Atlantique à l'aviron. C'est lui qui est venu me rejoindre, d'abord en Bretagne, puis au Japon maintenant, pour m'aider à la préparation et à la finition de *Sector*.

Les connaissances de Bruno en matière nautique sont universelles. C'est une encyclopédie vivante qui vous répondra du tac au tac si vous lui demandez la longueur totale des tuyaux utilisés à bord d'un sous-marin nucléaire, le sens du mot chafuste, le poids d'une hélice du paquebot *Normandie* ou l'âge du capitaine.

Sa passion pour les bateaux ne tolère aucune compromission et lui vaut des ennuis réguliers avec la maréchaussée, en général peu instruite des choses de la mer et qui a du mal à admettre qu'une voiture puisse être équipée – comme un bateau – de feux verts à tribord et rouges à bâbord.

Dès l'aéroport, Bruno annonce la couleur. A ses compagnons de voyage qui lui proposent de les accompagner à Tokyo pour nous rejoindre, Christophe et moi, il oppose un refus catégorique. Sa mission est de s'occuper du bateau, *Sector* arrive ce jour, Bruno l'attendra à l'aéroport. On lui fait remarquer que le bateau ne sera pas dédouané, qu'il sera entreposé dans un hangar. Rien à faire, Bruno a son sac de couchage et entend dormir à côté de *Sector*. Il faudra toute la force de persuasion de Christophe, contacté d'urgence par téléphone, pour convaincre Bruno qu'il a droit à quelque repos après quinze heures de voyage.

Le lendemain, à l'aéroport, le spécialiste des questions alimentaires chargé du dédouanement de mon matériel est perplexe. Dans quelle catégorie faut-il mettre mes 120 kilos de nourriture lyophilisée? L'importation de nourriture est chose sévèrement réglementée. Ne devrait-il pas ouvrir tous les sachets en aluminium soudé qui contiennent chacun un plat?

Je lui dis que cela entraînerait la ruine de ces produits et l'abandon forcé de mon projet. Je lui ouvre cependant un sachet dont il verse le contenu momifié sur sa table. Son regard va et vient, il me contemple, ahuri.

– Et vous allez manger *ça* pendant cinq mois?

Je lui explique que, avec un peu d'eau chaude, ce qu'il a devant lui se métamorphosera en un juteux steak de charolais...

Il remet avec soin la viande dans le sachet, pose incidemment quelques questions sur la manière d'accommoder un steak de charolais, signe les papiers qui nous manquaient et, tandis que nous sortons, met à chauffer l'eau de sa bouilloire!

Aussitôt Mitsuru, Christophe et moi prenons la route de Choshi où un camion transporte *Sector*.

Dès l'arrivée du convoi, Bruno, qui a voyagé dans le camion, prend les choses en main et dirige la mise à l'eau. Précieux Bruno. Jusqu'à mon départ, il ne quittera le bateau que pour aller faire les courses indispensables, dormant à bord, surveillant jour et nuit les amarres, établissant des plans de rangement, améliorant les installations, effectuant mille petits aménagements, m'énervant parfois par son perfectionnisme. Mais combien de fois penserai-je à lui pendant la traversée, en m'émerveillant du soin de ses montages !

Le reste de l'équipe doit nous rejoindre depuis Tokyo par le train. Il leur faut au passage trouver un accessoire vidéo indispensable oublié en France. Pour cinq personnes en pleine santé, quoi de plus simple ? Six heures plus tard, les voici enfin. Sur les genoux et au bord de la crise nerveuse, après s'être perdus, retrouvés et reperdus trente-six fois. Seule satisfaction : ils ont trouvé la pièce en question. Malheureusement, ils l'ont laissée dans le dernier taxi ! Pas besoin d'être voyant pour pressentir que je ne suis pas au bout de mes peines...

Le Riverside Hotel où nous logeons n'a rien d'un palace. Dès l'entrée, le touriste intrépide qui s'y risque est subjugué par le revêtement du sol qui tient lieu de moquette : une espèce de paillasson en plastique vert cru, façon pelouse.

Les lits sont plutôt courts. Heureusement car sinon ils rempliraient totalement la chambre.

Le nom de l'établissement suggère au moins une

vue agréable sur la Tone River. Hélas, entre l'hôtel et les eaux limoneuses, il y a une autre construction, dont le mur est édifié à trois mètres de nos fenêtres.

Les tarifs, eux, sont assez confortables...

Qu'importe, nous ne sommes là que pour très peu de temps.

Il ne reste pratiquement qu'à vérifier le bon fonctionnement de la radio et du télex.

J'ai équipé *Sector* de ces deux moyens de communication que j'estime complémentaires.

La radio, assez semblable à celle que j'avais utilisée dix ans plus tôt sur l'Atlantique, me permettra de communiquer avec des radioamateurs ainsi qu'avec des stations maritimes qui assurent le lien entre les navires et les réseaux téléphoniques.

Une solution séduisante mais qui présente deux inconvénients : d'abord une consommation d'électricité relativement importante, d'autant plus que les procédures d'appel sont parfois laborieuses, ensuite les aléas de la propagation des ondes, qui contraignent l'utilisateur à jongler avec des fréquences variant selon la position, l'heure, etc. Impossible d'établir avec certitude des rendez-vous, et le contact risque d'être perdu. C'est là qu'intervient le télex. Il comporte un petit ordinateur, sur lequel on peut lire et composer les messages, une antenne normalement conçue pour rester au-dehors. Compte tenu des risques de chavirement, je la rentrerai après chaque usage. Le télex émet un message en direction d'un satellite qui le renvoie vers une station à terre et, de là, vers n'importe quel télex dans le monde.

Cet appareil offre le double avantage de réduire au minimum les durées d'émission, donc la consommation, et de ne pas requérir la présence de l'interlocuteur au moment de l'appel. Je comptais sur lui pour renouer avec mes contacts radio au cas où le lien aurait été coupé.

Garantie supplémentaire : ces deux modes de communication, radio et télex, sont indépendants. Tous deux ont été testés avec succès en France.

Hélas, ici rien à faire : ils restent muets.

Plus question de partir après-demain ! Au travail.

23 juin, ce matin en arrivant au bateau, je constate l'imprudence de mes premières déclarations concernant la date du départ. J'ai eu beau multiplier les démentis, ils sont tous là. Agent du sponsor, journalistes, équipes de télévision, photographes, officiels. Partis aux aurores de Tokyo pour être sûrs de ne pas manquer le spectacle, et pressant de questions le malheureux Bruno qui émerge de *Sector*.

« A quelle heure part-il ? »

A la sortie du port, un orchestre et des danseurs attendent l'instant solennel. Le maire de Choshi me remet un drapeau porte-bonheur et prononce un petit discours dont il me donne une traduction dans un français parfait. Un admirateur, qui a pris un congé entre deux séjours en Arabie Saoudite, me confie un exemplaire du Coran, écrit en arabe, mais toujours utile, à l'en croire, pour ses « hautes vertus symboliques ». *Allah Akbar !*

Le cadeau le plus original viendra du président du

Choshi Sailing Club – riche de trois bateaux... – qui me tend une carte de téléphone, à conserver précieusement à bord et à remettre à son homologue du port d'arrivée américain.

En somme, il ne manquera à la fête que... mon départ.

Comment expliquer à cette noble assemblée que mes appareils de transmission, en principe très fiables, s'avèrent pratiquement inutilisables?

Le constructeur du télex est français, impossible à joindre en dehors des heures ouvrables. Nos essais avec lui s'effectueront donc de nuit, à cause du décalage horaire. Nous nous livrons à un manège dont le comique de répétition ne fait rire personne : je tente d'émettre un message depuis le bateau, puis Christophe entame une course d'un kilomètre pour rejoindre une cabine téléphonique d'où appeler l'international. A l'autre bout du fil, le constructeur, invariablement, déclare n'avoir rien reçu, et lui suggère une autre procédure... Retour au bateau, et ça recommence. Nous y passerons des nuits.

Nous devrons aussi quelques bons moments à la radio. L'importateur chez qui je l'avais achetée en France m'avait, de son propre chef, signalé les modifications techniques qui pouvaient en accroître les possibilités – modifications indispensables dans mon cas.

Nos essais s'étant révélés infructueux, nous consultons le vendeur par téléphone. Réponses évasives. Qu'à cela ne tienne : la radio est de marque japonaise; sa mise en marche, ou du moins le diagnostic de la panne, ne sera qu'une simple formalité pour le concessionnaire local. Mais ce technicien se montre affolé par l'ampleur de l'enjeu. L'idée d'échouer dans son intervention et d'en être tenu pour responsable le paralyse. Il s'incline respectueusement devant le problème et s'évapore.

Nous portons donc l'émetteur-récepteur à Tokyo, au siège du fabricant. Celui-ci, constatant les modifications opérées sur le matériel, interroge notre importateur en France. Qui ouvre grand le parapluie :

– Si ça ne marche pas, c'est probablement à cause des modifications que M. d'Aboville a effectuées alors que nous les lui avions pourtant déconseillées !

Et le fabricant japonais de nous restituer l'appareil... remis dans sa configuration d'origine !

Christophe, effondré, téléphone tout de même, en désespoir de cause, à un spécialiste, M. Takedo. Rendez-vous est pris pour l'après-midi. A l'heure dite, Christophe est chez notre sauveur, mais Takedo s'est mystérieusement évanoui. Au cours d'une conversation avec un vendeur, notre interprète lève le lièvre : la maison mère vient de téléphoner à ses agents pour leur commander de s'abstenir de toute intervention sur notre radio. Le pauvre Takedo, écrasé de honte à l'idée de ne pouvoir respecter ses engagements, a préféré s'enfuir plutôt que de perdre la face...

Quant à notre courageux importateur français, bien abrité sous son parapluie, se rend-il compte que nous travaillons jour et nuit sur le bateau, que huit personnes sont immobilisées par sa faute et que, à ce rythme, mes chances de partir dans des conditions acceptables disparaissent pratiquement ?

En sortant du Riverside Hotel, surprise : François est là.

Une allure de gentleman-farmer, plutôt gentleman que farmer d'ailleurs. François est mon cousin et je dirais bien que je l'aime comme un frère, si je n'en avais déjà cinq, ce qui fait un peu beaucoup. Le voir parmi nous me fait chaud au cœur. Avec Christophe et Bruno, il vient renforcer le « noyau dur » des amis de longue date qui m'aideront à lutter contre la sinistrose qui déjà menace de décimer nos rangs.

Promu au rang de chef du protocole, François partira en mission à Tokyo rendre visite à l'ambassade de France. Il y rencontrera par bonheur l'attaché militaire et lui parlera de nos problèmes de communication.

Passionné par le projet, le commandant Blanvillain va tout faire pour nous aider. Le 28 juin, il délègue à Choshi, pour ausculter les installations de *Sector*, Georges de Marrez, spécialiste des transmissions et radioamateur à ses heures.

L'espoir renaît.

Si je vous dis que Georges est du genre tenace, vous pouvez me croire. Dès son arrivée, nous nous attaquons au télex récalcitrant. Nous essayons tout, nous démontons, remontons ; je vais jusqu'à déplacer le bateau en différents endroits du port pour échapper à l'influence hypothétique d'une ligne électrique ou d'une antenne. L'après-midi, la soirée, la nuit entière passent en essais infructueux.

Au matin, ma décision est prise : trouver un télex d'une autre marque, ou partir sans.

A chaque jour qui passe, j'échange une journée de navigation d'été contre une journée de navigation d'hiver qu'il me faudra endurer en fin de parcours.

Une petite accalmie dans la saison des pluies me laissant espérer quelques jours de beau temps, je décide d'autorité le départ pour le surlendemain.

30 juin. Ce matin, c'est le bouquet. Un bouquet nauséabond. Les vents d'est ont accumulé dans le fond du bassin où flotte *Sector* un épouvantable conglomérat : détritus, poissons crevés, débris de filets de pêche, sacs en plastique, le tout lié par une couche épaisse de mousse grasse et pestilentielle. Avec le clapot du port, la graisse a escaladé la coque, devenue méconnaissable. Le cockpit est répugnant, les amarres sont fichues, et tout ce que nous allons toucher sera irrémédiablement pollué. L'échelle qui permet d'accéder au bateau dégouline de cette émulsion infecte.

Je me suis assis sur le quai, à côté de Bruno qui a dormi à bord et contemple, écœuré, le désastre.

Une caméra filme notre déconfiture. Pauvre Laurent, notre réalisateur : moi qui suis déjà peu enclin à en rajouter pour les besoins du cinéma, je ne lui facilite pas la tâche. Je lui lance, l'air mauvais :

– Dommage que tu ne puisses pas filmer l'odeur.

Car en plus cette graisse empeste, une odeur d'égout qui imprègne nos vêtements et jusqu'à nos cheveux.

Pourtant, il faut en finir. Georges a remonté la radio qui semble au point. Au diable le télex!

Nous ressortons *Sector* de l'eau pour le débarrasser de sa gangue d'immondices. La carène est recouverte d'une peinture antifouling destinée à décourager la végétation marine qui risquerait de s'y accrocher et donc de provoquer un important ralentissement. Mais la coque est tellement sale que nous devons frotter dur, trop dur, au risque d'endommager le revêtement. Les cordages seront même nettoyés au moyen de produits qu'on utilise pour déboucher les sanitaires.

Agglutiné le long d'une corde que nous avons tendue à dix mètres du bateau, un essaim de photographes japonais nous mitraille en permanence; venus pour immortaliser le départ du rameur fou, ils tombent en pleins travaux de récurage.

La scène est tout ce qu'il y a de plus explicite, mais il me faut quand même en fournir l'explication détaillée à des journalistes locaux qui, forcément, n'y comprennent goutte. J'ai du mal à leur dissimuler mon agacement. Je n'ai pas encore eu le temps de donner des nouvelles à ma famille. Je ne fais qu'agir, agir, agir... pour rien.

A la fin de cette journée harassante, j'ai les mains décapées par la lessive, amollies, une vraie peau de bébé. Pas vraiment l'idéal quand on doit ramer le lendemain.

Dans la nuit, vers 1 heure, un éclair de lucidité me traverse l'esprit : je prends soudain conscience que je suis en train de céder à une envie forcenée de fuir une attente qui me ronge. Chaque soir, je vois se dresser devant moi comme un mur de plus en plus infranchissable les tempêtes d'octobre et de novembre qui m'attendent, là-bas, de l'autre côté.

Mais je suis exténué, je raisonne mal. La météo reste instable. Ce sursis s'annonce trop court pour m'offrir une chance de m'évader. A peine parti, le prochain coup de vent d'est risque de me rejeter à la côte.

Vers 2 heures, je réveille Christophe en catastrophe. Ma « dernière interview avant le départ », donnée à l'envoyée de France Info, doit déjà être arrivée à Paris. Pas question de la diffuser.

– Attends, j'ai besoin de réfléchir... Je ne pars pas demain.

5 juillet.

Je suis anéanti.

Voilà bientôt trois semaines que nous nous débattons.

Télex en panne, formalités interminables, météo pourrie... Tous les jours, et plutôt deux fois qu'une, Mitsuru m'accompagne au bureau de la météo. Depuis deux semaines, les dépressions se succèdent, avec une alternance d'orages violents et de vents contraires...

Quand je lui demande son pronostic, l'ingénieur météo me répond par un sourire ou des hochements de tête aussi peu compromettants que possible ; toujours ce souci de ne pas se trouver pris en défaut. Il faut dire qu'ici conscience professionnelle et sens de l'honneur vont de pair et ne connaissent guère de limites. Charlie, un ami américain, directeur de Mobil pour le Japon, à qui j'ai confié mes difficultés pour obtenir des prévisions précises, m'apprendra que, quelques années auparavant, les météorologues avaient annoncé l'arrivée de la saison des pluies, événement considérable dans le calendrier japonais; au jour fixé, pas la moindre averse; ni le lendemain ni le surlendemain. Au bout d'une semaine, deux d'entre eux s'étaient suicidés...

Le compte à rebours s'est arrêté. J'ai l'impression d'un terrible gâchis. Que d'énergie dépensée en vain!

Nous faisons maintenant partie du décor de ce fond de bassin où s'englue le pauvre *Sector*. Sur le quai, une espèce de tente de clochards abrite notre matériel de la pluie qui n'arrête pas de tomber. Quelques visiteurs s'apprivoisent. Ils écoutent poliment les explications détaillées que leur donne Bruno dans un mélange de français et d'anglais auquel ils ne comprennent rien. Cela donne à peu près ceci :

– Voyez-vous, ce bateau, vu sa taille et son manque de lest, peut évidemment chavirer. C'est là qu'intervient un ingénieux système de ballasts...

Hochements de tête.

– En effet, *Sector* est muni de réservoirs d'une centaine de litres chacun, l'un à tribord, l'autre à bâbord. Grâce à une petite pompe à main, Gérard, placé à l'intérieur de son bateau chaviré, peut puiser l'eau de mer et charger l'un ou l'autre de ces ballasts latéraux pour déséquilibrer le bateau, ce qui, conjugué avec le mouvement des vagues, permet de le redresser.

Hochements de tête.

Enhardi par cette marque évidente d'intérêt, Bruno enchaîne :

– Un troisième réservoir, situé à l'arrière, permet de régler l'assiette du bateau, vous me suivez?

Hochements de tête, le groupe s'est agrandi, les distractions sont rares.

– Ce poids sur l'arrière, poursuit Bruno, joint à l'effet de deux dérives que l'on peut abaisser dans l'eau à la demande, a pour but de garder l'arrière face aux vagues dans le mauvais temps... judicieux, non?

Hochements de tête...

Bruno est devenu un personnage éminent de la vie du port. Ses supporters pleins d'attentions nous déposent souvent furtivement un sandwich ou une boisson gazeuse.

Comment parvient-il à ses fins lorsqu'il part en ville faire exécuter une pièce invraisemblable, c'est un mystère. Les environs n'ont plus de secrets pour lui et le quincaillier du quartier est devenu un de nos plus fervents admirateurs. Chez lui Bruno fera la connaissance de Mme Takassé, une Française mariée à un Japonais de Choshi à qui nous devrons mille et une gentillesses. Un couple qui nous séduit d'emblée : ce sont les seuls habitants de Choshi qui osent rouler dans une voiture cabossée sans mourir de honte.

Pendant ce temps, ma réputation de kamikaze me vaut les honneurs des édiles de Choshi et m'impose quelques obligations débouchant parfois sur des situations surréalistes.

– Vous aimez les huîtres? me demande un jour, via l'interprète, mon hôte, le maire de Choshi.

Ouf, j'avais craint le pire en m'accroupissant tant bien que mal devant la table basse de ce restaurant typiquement japonais.

Une vague méfiance de voyageur échaudé me pousse à demander à l'interprète :

– Comment les mangez-vous au Japon?

– Crues, dans leur coquille, naturellement. On n'est pas des Américains!

Presque rassuré, je peux concentrer mes efforts sur ma jambe gauche, déjà fortement ankylosée.

Christophe ricane en me regardant. Il a trouvé plus confortable d'adopter une position à genoux. J'attendrai la fin du repas pour me venger en lui faisant remarquer que c'est une posture réservée aux femmes et que, si j'ai souffert pendant tout le repas, lui aura eu le privilège d'amuser nos hôtes. Ses contorsions pour se remettre adroitement dans la position *ad hoc* seront une véritable délectation pour mon esprit machiavélique.

Ma jambe gauche casée, ce sont mes genoux qui me posent problème, impossible de m'avancer jusqu'au bord de la table car ils dépassent en hauteur, presque au niveau de mon menton. Coup d'œil discret à mes voisins. Mais comment font-ils?

Mon souci ergonomique sera de courte durée. Celui qui s'avance vers la guillotine ne pense plus à ses hémorroïdes.

Car voici les huîtres. Tout d'abord je refuse d'en croire mes yeux : ce sont des monstres. Et, bien entendu, mon hôte qui tient à m'honorer m'a offert la plus grosse, la reine des huîtres, celle qui pèse au moins deux kilos, qui aurait droit à un paragraphe dans le livre des records, celle dont la coquille ferait un joli lavabo, un fond baptismal. Je ne peux m'empêcher de penser à l'expectoration d'un monstre abyssal.

J'essaie de gagner du temps.

– Et où les pêchez-vous?

– Ici, à la sortie du port.

Et tandis que mon hôte, plein de prévenance, ouvre délicatement le formidable bivalve, j'imagine la créature filtrant des milliers de mètres cubes de ce bourbier infect.

Coup d'œil à Christophe, assis en face de moi, qui me renvoie ma propre image : il est vert, les yeux exorbités, rivés sur sa bête à lui, le front en sueur, la pomme d'adam animée de soubresauts nerveux.

Je me décale légèrement pour ne pas rester dans sa trajectoire.

Examen circulaire pour repérer les axes de tir éventuels. Pas grand-chose, le pot de fleurs le plus proche est à quatre mètres, aurai-je le temps de l'atteindre?

Mes voisins ont tous ingurgité bruyamment leurs choses respectives et attendent, avec la plus exquise politesse, que nous les imitions...

Risquant le tout pour le tout, Christophe tente une manœuvre désespérée : saisir la coquille à deux mains, porter l'huître à la bouche, faire un grand bruit de succion sans y toucher, la reposer et prestement refermer le couvercle.

Bien exécuté. Ça aurait pu marcher si un personnel discret mais efficace n'avait pas escamoté les couvercles précisément à l'instant où il reposait son huître, l'œil encore halluciné par le contact rapproché qu'il vient de vivre.

Confus, il renverse son thé pour faire diversion.

Il faut en finir. Profonde inspiration. Je fixe l'adversaire, méduse au fond de son bénitier. Visiblement, elle sait. Elle aussi me regarde, il me semble la voir frémir. Lequel va gober l'autre? Je l'asticote avec mes baguettes pour me familiariser. J'envisage un plan de bataille, attaquer par les ailes et, qui sait, peut-être pourrai-je « oublier » la masse blanchâtre et glauque qui occupe le marais central?...

Instant de vérité, la coquille inclinée contre la bouche, les yeux fermés, la gorge nouée, les tempes moites... C'est parti, le glissement de terrain est amorcé, la chose est en marche. J'ai la bouche déjà pleine mais je sens qu'il en reste encore plus de la moitié dehors. Coup de dents? La perspective d'avoir à remettre ça m'en dissuade, je déverrouille la gorge. L'avant-garde se vautre déjà dans mon estomac quand la traîne est encore dans la coquille. Je suffoque, tente de repousser l'idée du reflux libérateur.

Enfin, tel un cormoran qui déglutit, je sens que ma bouche, puis ma gorge se libèrent, très lentement. L'estomac agité de spasmes violents, je me précipite sur le thé, me brûle horriblement mais ébouillante la chose immonde qui déjà explorait son nouveau domaine. Elle frémit une dernière fois... c'est fini.

Christophe me regarde, incrédule. Je renais à la vie en pensant que je vais connaître un moment de rare extase en l'observant à mon tour.

– Vous en prendrez bien une seconde? me demande le maire.

Et l'interprète d'ajouter perfidement :

– C'est l'usage.

J'imagine la monstrueuse copulation interne au cas où j'aurais hébergé un mâle et une femelle. C'en est trop. Je tente de minimiser l'affront en renvoyant les coutumes dos à dos et, d'un ton sans réplique :

– Non, merci. En France, voyez-vous, on ne mange *jamais* deux huîtres le même jour.

Côté météo, les jours se suivent et se ressemblent. Une pluie tiède et serrée tombe sans discontinuer sur la ville. L'expédition s'enlise. Notre groupe est divisé en deux. Il y a ceux qui sont débordés et ceux qui n'ont rien à faire. Christophe, François et Bruno sont sur tous les fronts, technique et administratif. Les deux premiers luttent courageusement en perdant temps et sang-froid dans les bureaux et les boutiques de Tokyo ; Bruno trouve des solutions à tous les menus problèmes qui se posent à bord de *Sector*. Quant aux autres, passé l'exaltation des premiers jours, ils ont vite épuisé les attraits, limités, de Choshi. Ici, ce n'est pas le Japon du shopping.

La date de mon départ semble de plus en plus aléatoire et je propose à quelques-uns de rentrer en France. Tollé, protestations véhémentes. Pas question d'avoir fait tout ce chemin et de repartir sans m'interviewer et me photographier à l'instant du départ. Je me laisse convaincre et, à ma grande surprise, les mêmes décideront quelques jours plus tard qu'il est devenu urgent de lever le camp. Bruine persistante, décor sinistre et cette attente insoutenable ont brisé quelques nerfs ! Laurent est malheureusement obligé de les accompagner : parti pour huit jours au Japon, voilà trois semaines qu'il est là. Il se marie dans deux jours!

Parfois je me fais conduire jusqu'au phare qui domine la falaise, non loin de l'entrée du port. Nous échangeons des plaisanteries, je pose pour une photo, bras tendus vers... l'Amérique, mais le cœur n'y est plus. Entre deux fous rires, qui permettent de tenir, je suis rongé par le doute.

La sagesse serait de remettre la traversée à l'année prochaine. Mais voilà, je suis à l'extrémité du plongeoir depuis trop longtemps, plus l'attente se prolonge et moins j'ai envie de redescendre par l'échelle. A pousser la comparaison jusqu'au bout, il faudrait imaginer un plongeoir qui n'arrête pas de s'élever, rendant le saut de plus en plus dangereux.

Je n'évoque jamais l'éventualité d'un report. Je sais qu'en parler serait déjà me familiariser avec cette idée, en accepter le principe, alors que tout en moi veut croire au départ. Depuis des mois, j'ai entrepris, sans m'en rendre compte, le processus d'automotivation qui seul me permettra d'aller jusqu'au bout. Depuis des mois, tout en envisageant avec lucidité l'épreuve de la traversée, je ne pense qu'à son aboutissement, à la ligne d'arrivée; depuis des mois, je ne suis plus tout à fait de ce monde, toutes mes pensées tendent vers cet objectif, je ne m'accorde aucune évasion. Je ne suis pas dans les starting-blocks; en réalité, je suis lancé depuis que ce projet a pris corps.

Bien sûr, si mon but était de figurer en bonne place dans un livre des records, mieux vaudrait faire cette traversée au moindre risque. Mais voilà, peu m'importe d'avoir mon nom en compagnie du plus petit homme du monde ou du plus grand mangeur de saucisses. Mon seul public, c'est moi. C'est pour moi que je pars, je suis mon unique spectateur, le seul dont l'opinion m'importe vraiment car nul autre que moi ne connaîtra le prix exact de la victoire.

En me lançant ce défi, je me suis mis en devoir d'accomplir ce que j'imaginais tout juste possible, bien au-delà de mes limites supposées. Vais-je maintenant tricher avec moi-même ? Au moment où cette traversée est encore possible, pourquoi trahirais-je mes motivations les plus profondes en la remettant à l'année prochaine, pour la seule raison qu'elle serait alors plus facile et que personne d'autre que moi ne ferait la différence ?

Jour après jour, je repousse ma date limite, celle au-delà de laquelle partir me semblait hier encore une folie.

5 juillet. Le ciel paraît se montrer plus clément, la météo correcte, et Georges vient d'équiper le bateau d'un nouveau télex, celui-là en état de marche. Je tiens mon visa de sortie...

Dans l'après-midi, Mitsuru me conduit pour un dernier tour au cap Inubosaki. La mer est calme, le vent faible. Mon regard s'attarde longuement sur l'horizon où quelques navires semblent fixés. Une visite au bureau météorologique m'a confirmé que le mauvais temps s'évacue vers le nord du Japon ;

pas de perturbations en vue pour les prochains jours. Je remplis à nouveau un formulaire de déclaration de partance.

Sur le chemin du retour, j'ai demandé à Mitsuru de m'arrêter chez un coiffeur. Je m'y suis fait couper les cheveux et raser soigneusement. Il y a là comme un symbole; j'ai besoin de me sentir impeccable avant le grand combat.

Le coiffeur, qui m'a reconnu, me demande pour tout paiement de lui signer deux autographes. Pragmatique, Mitsuru calcule que chacune de mes signatures vaut à peu près 500 yens (20 francs) et se demande combien elles vaudront dans quelques mois!

Pour ma dernière nuit à terre, je me suis retiré dans une petite maison en bois que les Takassé ont mise à ma disposition. Un fond de whisky et quelques moustiques me tiennent compagnie. J'ai bouclé mes bagages, le sac qui doit retourner en France, rempli de vêtements à jamais imprégnés de l'odeur pestilentielle des eaux du port, et celui plus petit que j'emporte avec moi. Tout est paré.

Jusqu'à 1 heure du matin, j'écris une trentaine de cartes postales et de courtes lettres; pas facile de trouver les mots.

Coup de fil à Cornélia – j'essaie de me montrer rassurant. Je lui parle du beau temps revenu, du bateau fin prêt, de mon télex tout neuf et des nouvelles qu'elle recevra souvent. Elle n'est pas dupe. Comment pourrais-je atténuer l'effet de cette terrible petite phrase : « Je pars demain »?...

Cette soirée calme et solitaire dans la maison de poupée a des allures de veillée d'armes.

Une épreuve longue et redoutable m'attend. Devant moi, il y a non pas la mer mais un océan. Ce mot s'écrit au masculin, il désigne pour moi l'adversaire. Je ne prends pas la mer, je pars au combat. Et j'ai l'impression, dans la pénombre qui m'entoure, de charger mes batteries, de me retrancher, me tasser, me ramasser sur moi-même comme un boxeur dans le coin du ring. J'appréhende une épreuve redoutable et j'ai besoin de toute ma concentration au cours de cette ultime préparation. J'ai besoin de ce calme, mes amis l'ont bien senti, qui resteront toute la nuit près de *Sector*.

Une façon pour moi d'aller fièrement au-devant de ma solitude. Avant qu'elle ne me happe.

3.

Devant moi, un énorme vide...

11 juillet, 5 heures du matin.

La voiture, conduite par un Christophe étrangement paisible, se gare en face de *Sector*. En chemin, nous n'avons pratiquement pas dit un mot.

– Ça fait un peu ambiance de rentrée des classes.

– Oui, tu peux même dire de pensionnat...

Sur le quai, une trentaine de personnes m'attendent. Le commandant Blanvillain et quelques Français sont venus de Tokyo pour assister au départ. Heureusement, peu de caméras et de photographes.

Sacré Bruno, qui a mis à profit cette dernière nuit pour nettoyer une fois de plus la carène. Le bateau est nickel. Sur l'antenne de radio flottent le pavillon français et l'emblème du Soleil levant, comme il se doit.

Chacun retient tant bien que mal son émotion. L'air est déjà moite, l'atmosphère tendue, compacte. Je préfère abréger.

– Excusez-moi, je suis en retard, j'ai de la route à faire...

Au moment d'embarquer, je fais signer la première page de mon journal de bord par Christophe et Bruno. Je compte sur eux pour signer la dernière, là-bas, de l'autre côté, si tout va bien. Les yeux sont humides, les regards remplacent les mots qui ne passent plus.

Avirons à poste. Un geste de la main, un sourire qui se veut confiant, et au travail... Les yeux dans le vague pour ne pas accrocher le regard des autres, je guide l'embarcation en dehors du bassin et nage tranquillement sur les eaux grises de la Tone River. Le courant de la marée descendante m'entraîne et *Sector* glisse facilement vers l'embouchure. Pourtant, je ne peux m'empêcher de penser, en tirant sur mes avirons :

« Bon sang qu'il est lourd, lourd, et dire qu'il va me falloir tirer tout ça... »

Au passage du dernier brise-lames, je rentre l'antenne et les pavillons. *Sector* prend ses allures de mer...

Mes amis m'ont accompagné sur un bateau de pêche, ils se tiennent à l'écart, discrètement, sachant que je suis déjà seul. A 17 heures, leur embarcation se porte à ma hauteur, puis stoppe. Je scrute leurs visages comme pour emporter avec moi une ultime et illusoire rasade de souvenirs. Quelques signes, mais, déjà, ils sont loin et font demi-tour...

Je croise des chalutiers qui rentrent vers Choshi, indifférents à ma présence. La rumeur n'a pas rapporté à ces pêcheurs le projet du *gai jin* [1] fou.

---

1. Étranger.

Le *Condor,* un bateau à voile un peu crasseux, comme tout ce qui a le malheur de flotter dans les parages, me rejoint à l'embouchure. Son capitaine, Yagi, dont l'aide permanente nous a été si précieuse à Choshi, a invité Mitsuru à son bord pour m'escorter une dizaine de milles en mer. Dernier regard, dernier adieu. Enfin, l'instant de vérité est arrivé. Curieusement, je me sens soulagé.

Le barreur d'un voilier qui prend la mer a tendance à se détacher rapidement de son passé terrestre. Tourné vers le large, il anticipe déjà, par-delà l'horizon, les rivages vers lesquels il vogue. Tandis que moi, pauvre rameur tourné vers l'arrière, je suis condamné à endurer chaque mètre qui m'écarte de la côte, au rythme lent de mes coups d'aviron. Mais, comme au large du cap Cod, voici exactement onze ans et un jour, la brume vient à mon secours et m'accorde ses faveurs en effaçant prématurément la terre de ma vue.

J'ai enfin le temps de penser. Je mesure soudain à quel point, depuis un mois, j'ai vécu sur les nerfs, pour et par l'action, tendu vers ce départ, comme une flèche vers sa cible. Je songe à ma famille que j'ai quittée il y a cinq semaines, à ce coup de téléphone dans la nuit avec Cornélia... Guillaume et Ann sont avec elle là-bas, presque de l'autre côté de la terre, et chaque coup d'aviron m'éloigne imperceptiblement d'eux. Lorsque j'aurai passé la ligne de changement de date, presque au milieu de la traver-

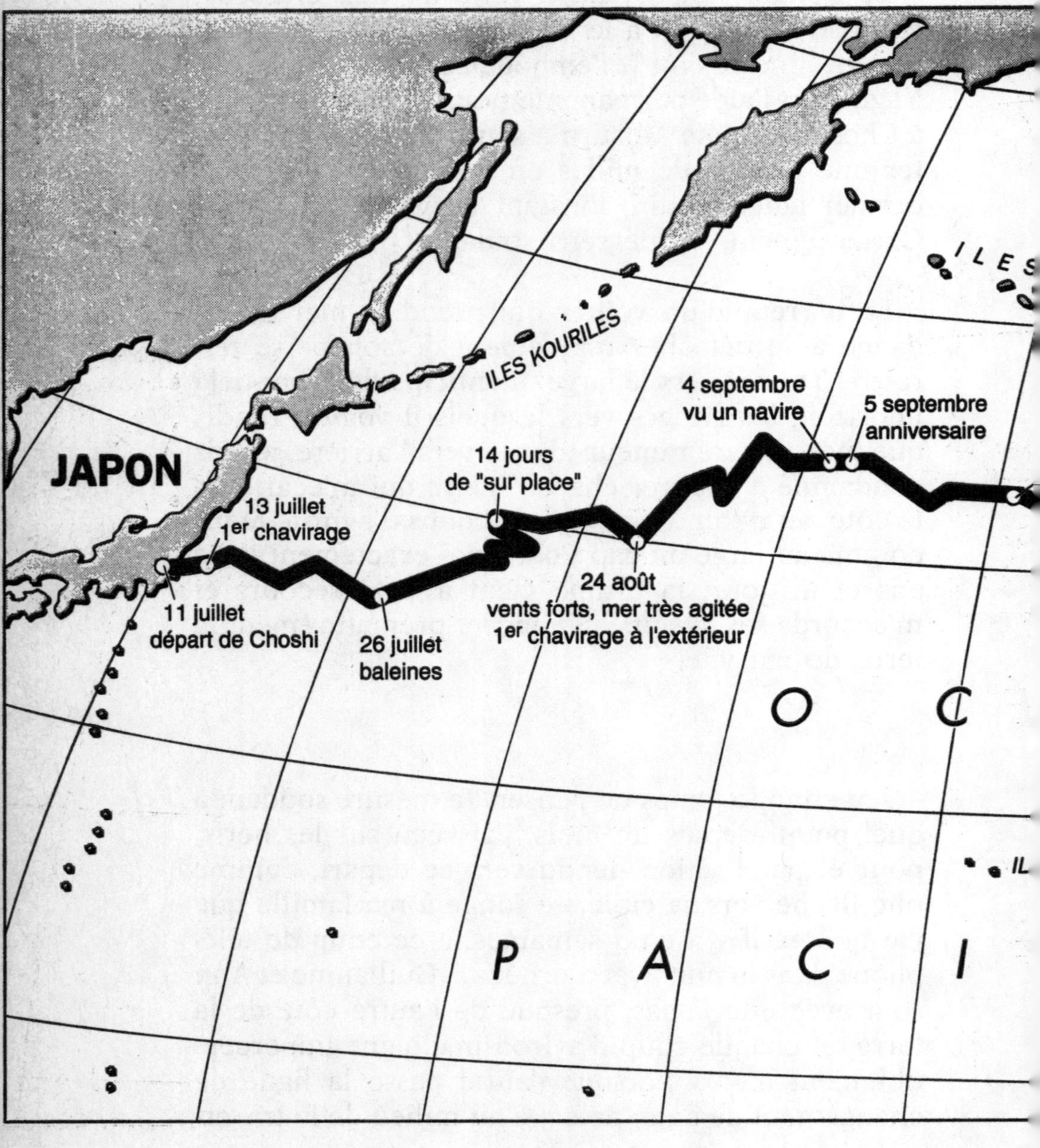

ILES KOURILES
ILES
JAPON
13 juillet
1er chavirage
11 juillet
départ de Choshi
26 juillet
baleines
14 jours
de "sur place"
24 août
vents forts, mer très agitée
1er chavirage à l'extérieur
4 septembre
vu un navire
5 septembre
anniversaire
O C
P A C I
IL

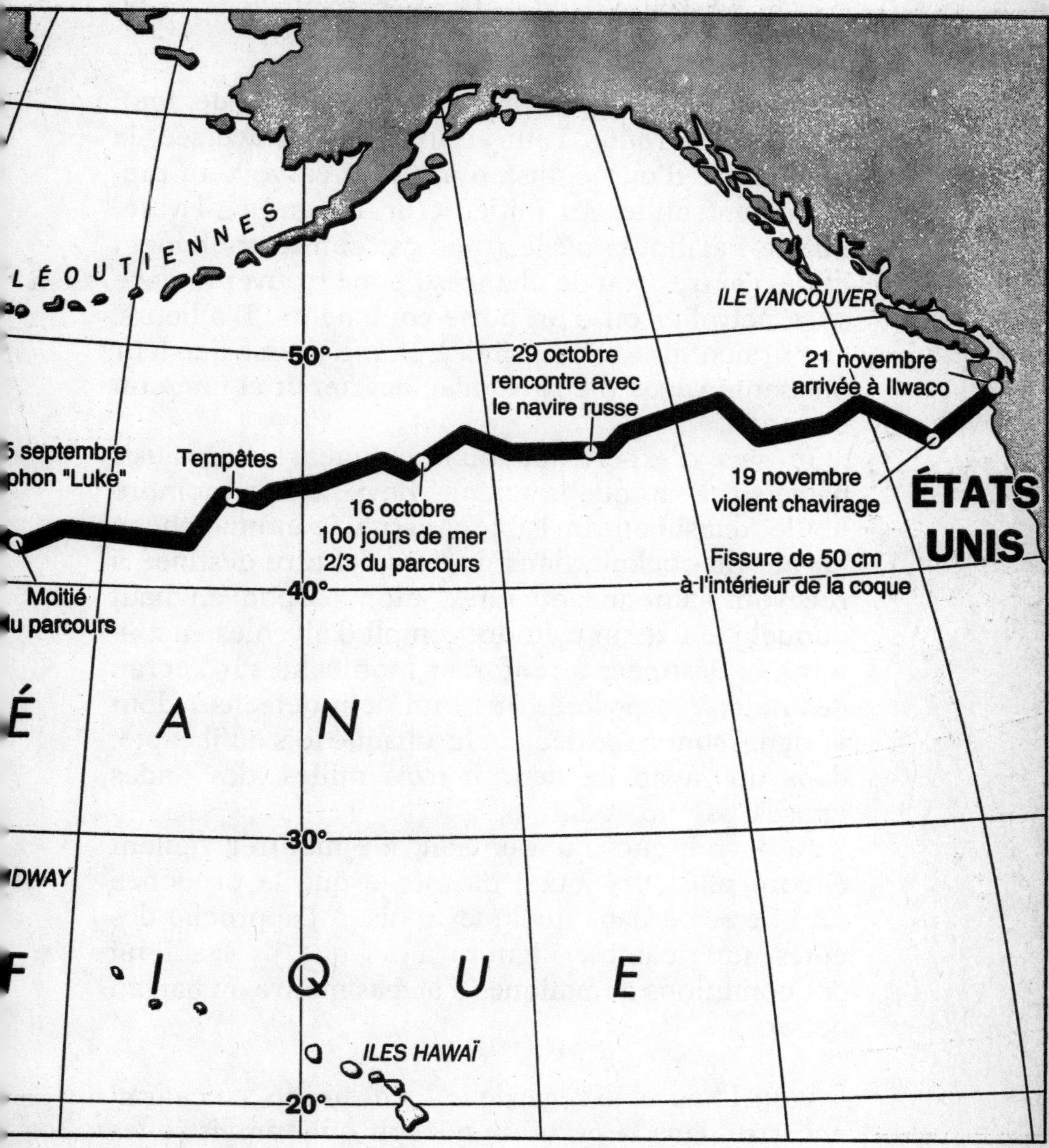

LÉOUTIENNES
ILE VANCOUVER
50°
29 octobre
rencontre avec
le navire russe
21 novembre
arrivée à Ilwaco
5 septembre
phon "Luke"
Tempêtes
16 octobre
100 jours de mer
2/3 du parcours
19 novembre
violent chavirage
ÉTATS
UNIS
Fissure de 50 cm
à l'intérieur de la coque
40°
Moitié
du parcours
É A N
30°
IDWAY
F I Q U E
ILES HAWAÏ
20°

sée, je me rapprocherai d'eux, lentement, si lentement...

Quelques navires, qui longent la côte de loin, coupent ma route. Tout au long de la traversée, la probabilité d'une collision avec un cargo sera pratiquement nulle. Au milieu d'un océan aussi vaste que le Pacifique, où le trafic est considérablement dilué, j'ai très peu de chances de me trouver en face d'un pétrolier ou d'un porte-conteneurs. D'ailleurs, viendraient-ils droit sur moi à pleine vitesse que leur puissante vague d'étrave m'en écarterait comme un bouchon.

Je sais d'expérience qu'une embarcation aussi basse sur l'eau que la mienne devient, à la moindre houle, quasiment invisible. Aussi ai-je emmanché, à l'avant du cockpit, dans une emplanture destinée à recevoir l'antenne du télex, mon harpon en haut duquel j'ai fixé un cylindre rempli d'alvéoles en aluminium destinées à renforcer mon écho sur l'écran des radars. Je possède aussi un petit détecteur dont le signal sonore se déclenche chaque fois qu'il capte, dans un rayon de deux à trois milles, des ondes émises par un radar.

Je devrai, quoi qu'il en soit, me montrer vigilant encore plusieurs jours, de même que la prudence sera de règle dans quelques mois, à l'approche des côtes américaines. J'ignore alors que j'y essuierai des conditions climatiques à ne pas mettre un bateau dehors...

Pour l'heure, je regarde le loch-speedo, ce cadran encastré dans la paroi du cockpit qui enregistre les milles parcourus et me donne ma vitesse. J'ai trouvé ma cadence de croisière, 17 coups d'aviron à la minute. J'avance gentiment à 1,8 nœud, l'allure d'un marcheur.

Le temps est venu de m'accorder une pause pour déjeuner. Je note sur mon journal de bord, un cahier entoilé qui aura droit à tous les égards, témoin et mémoire de cette traversée :

13 h 30. Enfin seul, assez ému, j'imagine ce que font Christophe et Bruno. C'est encore un peu de contact avec le monde des vivants qui va s'estomper. Devant moi, un énorme vide...

11 juillet au soir. Mauvaise surprise. Alors que je viens de couvrir mes quinze premiers milles, soit près de vingt-huit kilomètres, au nord-est le vent tourne à l'est. Les prévisions météo me laissaient espérer le contraire. Ce vent contraire me repousse vers la côte et menace, s'il fraîchit et persiste, de me renvoyer à la case départ. Humiliant.

Aux avirons depuis douze heures, encore épuisé par la tension du départ et la fatigue accumulée ces derniers jours, je dois impérativement me reposer. J'installe la grande ancre flottante, sorte de cône en toile plastifiée de 80 centimètres de diamètre que j'amarre à une extrémité du bateau pour freiner la dérive.

Allongé sur ma couchette, je commence à souffrir des rudes secousses que l'ancre flottante imprime à l'embarcation dans la houle. Chaque fois qu'une vague passe et soulève la coque, le cordage de l'ancre se tend, et le bateau est rappelé brutalement en arrière. En retombant, le fond plat cogne et tape durement – de vraies ruades. J'ai l'impression d'être juché en haut d'un camion qui roule sur une mauvaise piste africaine, truffée d'ornières et de bosses : impossible de trouver le sommeil.

Aucun bateau n'est parfait. C'est toujours un mouton à cinq pattes, particulièrement le mien qui a été spécialement conçu et dessiné pour cette traversée. Il devait être à la fois léger et solide, capable d'évoluer aussi bien dans le petit ou le gros temps, assez étroit et bas sur l'eau pour le travail aux avirons, non lesté et pourtant capable de se redresser en cas de chavirement. Il devait aussi comporter à l'arrière une cabine étanche pour m'abriter et, à l'avant, un magasin à vivres tout aussi étanche dans lequel je puisse stocker six mois de nourriture. Le tout sans aboutir à un monstre impossible à manœuvrer.

La conception d'un bateau océanique à rames représente à mes yeux, sous des allures de fausse simplicité, un petit chef-d'œuvre d'architecture navale.

Imaginer et fabriquer moi-même *Sector*, de la planche à dessin à la pose du dernier accessoire, comme je l'avais fait avec *Capitaine-Cook*, voilà qui m'aurait passionné.

Mais le temps m'ayant manqué, j'ai fait appel à un architecte, Jean Berret. L'avantage de l'architecte sur l'artisan que je suis, c'est l'ordinateur. Toutes les mesures de découpe des gabarits qui servent à faire le moule du bateau sont enregistrées sur disquettes. Le constructeur n'a plus qu'à introduire ces données dans une machine à découpe laser qui sort des gabarits. Ceux-ci permettent de fabriquer rapidement et avec précision les moules sur lesquels seront réalisés la coque et le pont du bateau.

Le plan de la coque que m'avait envoyé le bureau d'études montrait à ma grande surprise des formes modernes, avec un fond très plat. Mon vieux *Capitaine-Cook* était doté d'une coque en V, classique, proche de celle des baleinières du siècle dernier, et j'ai tendance à considérer qu'en matière de bateau de mer à l'aviron il n'y a pas grand-chose à inventer de plus. Peut-être suis-je trop attaché aux traditions? Les architectes actuels ont évidemment l'habitude de dessiner des voiliers légers qui naviguent à des vitesses élevées, ce qui justifie le choix des fonds plats; il n'empêche, dans mon cas, je restais sceptique.

Les chocs de cette nuit me confirment, hélas, dans mon intuition, et je m'apercevrai à l'usage que ces formes plates sont non seulement source d'inconfort, mais aussi qu'elles ralentissent le bateau chaque fois que – par mer agitée – l'avant soulevé par une vague retombe en écrasant la mer, plutôt qu'en la fendant. Pour le moment, il n'est plus question d'épiloguer, *Sector* est à prendre, et à faire avancer, tel qu'il est.

12 juillet. Debout à 3 h 30. Mon deuxième jour de traversée s'annonce sous de tristes augures : toujours ce maudit vent d'est et un clapot vicieux qui m'obligent à souquer dur pour un gain dérisoire. Je m'aperçois bientôt que je fais du surplace... Réduit à

des expédients, je m'amarre à la bouée d'un filet de pêche trouvé sur ma route. L'aubaine sera de courte durée; quelques heures plus tard, un bateau viendra relever son filet, écartant du même coup le parasite que je suis.

A la tombée du jour, je passe l'ancre flottante sur l'étrave pour être moins chahuté. La nuit sera pourtant agitée. Coup de vent d'est, orages violents, éclairs, pluie diluvienne... Je reste enfermé dans mon réduit, préférant courir le risque d'éclater ce parachute qu'est l'ancre flottante plutôt que de dériver, inexorablement, vers la côte.

A la fin de la nuit, très mauvaise surprise : la côte est là, à moins de cinq milles! J'aperçois distinctement les lumières et les phares des voitures. Je relève l'ancre flottante, reprends les avirons, et me défends pied à pied, parvenant tout juste à compenser la dérive. Tôt ou tard, mes forces vont diminuer, je vais être rejeté à la côte.

Le jour se lève, une aube sale, qui dévoile ce rivage sinistre que je regarde avec colère, les mains soudées aux avirons... Il me semble que la mer se creuse davantage, signe que j'approche des petits fonds littoraux. Je me bats avec l'énergie du désespoir, enragé à l'idée que cette traversée puisse s'arrêter là, de la manière la plus navrante. Je m'en veux d'avoir pris quelques heures de sommeil, mais comment aurais-je tenu sans cela?

Et puis, vers 10 heures, les cieux ont pitié de moi : une éclaircie, le vent qui se calme aussi vite qu'il s'était levé; peu à peu, la terre recule et disparaît enfin dans la brume.

En fin d'après-midi, la sonde placée sous la coque m'indique que la température de l'eau s'élève à grande vitesse. Entre 15 heures et 19 heures, elle passe de 18 à 25°. Ce réchauffement est un très bon signe : je viens d'accrocher le *Kouro Shivo,* ce courand chaud qui prend naissance au sud de l'archipel nippon et va se diluer dans le Pacifique Nord, l'équivalent du Gulf Stream qui m'avait pris en charge dans l'Atlantique Nord. Ces deux courants ne ressemblent pas, comme on pourrait l'imaginer, à de grands boulevards rectilignes d'eau tiède, mais plutôt à de gros serpents qui ondulent sur des centaines de milles. Le Kouro Shivo, à cet endroit, remonte du sud-ouest au nord-est à une vitesse d'environ 3 nœuds, ce qui est énorme pour un courant de haute mer. Pendant quelques jours, je devrai l'exploiter au mieux : il quadruple ma vitesse. Dans une dizaine de jours, il aura disparu. Mais je me ferai sortir à plusieurs reprises des larges méandres qu'il dessine.

Le soir, le vent fraîchit et s'oriente au nord, presque contre le sens du courant. Ce genre de situation crée une mer abrupte, très désordonnée. Dans la nuit surgit alors un spectacle irréel : les crêtes des vagues qui se précipitent les unes contre les autres brillent d'un éclat phosphorescent. L'océan, comme électrisé, lance des gerbes d'étincelles. Ce sont des millions de minuscules organismes vivants qui, telles des lucioles marines, provoquent ce phénomène de luminescence.

J'ai mis *Sector* en fuite, dérivant devant la mer, stabilisé par l'ancre flottante pour maintenir le cap du bateau. Il est temps de rentrer dans la cabine. A peine allongé sur ma couchette, la vieille routine d'il y a onze ans, à bord du *Capitaine-Cook*, refait surface, avec ses règles d'or à ne pas transgresser. Règle fondamentale : ne jamais se coucher sans inspecter le pont et le poste avant, vérifier, quel que soit le temps, que tout est paré en cas de chavirement nocturne. Si deux paires d'avirons sont stockées à l'intérieur, sous le cockpit, celle qui est rangée sur le pont est-elle bien amarrée? Les coffres du cockpit sont-ils bien fermés? J'ai sans doute vérifié tout cela dix fois avant de rentrer, mais j'ai un léger doute. Je me rééquipe et ressort pour un contrôle. Les filets qui maintiennent mes vivres en place dans les caissons du poste avant sont correctement arrimés, mais je retends les amarres.

Cette mer ne me plaît pas : en cas de chavirement, si les vivres glissaient, la remise à l'endroit se révélerait impossible. Pour gagner du poids, *Sector* est un bateau sans quille, sans lest fixe. Je sais que les chavirements sont des incidents probables, auxquels le système des ballasts doit précisément remédier : une petite pompe manuelle, fixée le long de la couchette, dirige de l'eau de mer vers des vannes dont l'orientation permet de remplir ou de vider les ballasts à volonté.

Je dois pouvoir puiser l'eau par la coque aussi bien que par le roof quand le bateau sera à l'envers, ou être à même de la transvaser d'un ballast à l'autre tout en laissant de l'air entrer ou sortir du réservoir en cours de vidange ou de remplissage. Bruno a passé bien des journées à résoudre ce casse-tête. Car un tel dispositif doit être logé dans un faible volume, se montrer fiable à cent pour cent et manœuvrable les yeux fermés, dans un bateau chaviré et même envahi d'eau...

Or, les essais effectués en France m'ont laissé une impression mitigée. Une grue avait retourné l'embarcation. Accroupi dans la cabine étanche, dans une posture assez incommode, j'avais alors actionné la pompe pour charger un ballast dans l'espoir de redresser le bateau. En vain! Impossible de le faire basculer. Il avait fallu que Bruno plonge dans l'eau pour l'aider à se retourner tout à fait. Je lui avais demandé si la manœuvre nécessitait un effort important. Il m'avait à demi rassuré : pas plus d'une dizaine de kilos.

Je restais quand même assez perplexe. J'aurais préféré que *Sector* se retourne tout seul. Le couple de redressement me paraissait un peu juste... Bien sûr, je me dis que les 160 kilos de nourriture embarqués, dont le poids serait plutôt en bas, devraient améliorer les choses, et surtout que cet essai se déroulait dans l'eau calme d'un bassin, c'est-à-dire dans des conditions très défavorables. Si je devais chavirer, ce ne serait pas sur un lac, mais dans une mer forte; la poussée des vagues me viendrait en aide pour redresser l'embarcation. Au sortir du bateau, sentant le poids des regards fixés sur moi, j'affichai un sourire qui se voulait confiant. Mais tout le monde s'était tu.

Chaleur accablante. De retour dans la cabine, je laisse ouvert le hublot qui donne sur le cockpit. Un vrai sauna. Je me tiens le plus souvent à demi allongé, sinon assis, la tête rentrée dans les épaules, ou accroupi, ou encore à la recherche d'une position intermédiaire qui m'oblige à faire un numéro de contorsionniste. A la longue, éreintant. L'endroit n'a rien d'un nid douillet. Mais, aujourd'hui, l'exiguïté des lieux est peu de chose à côté de la chaleur dont je souffre.

Je somnole, abruti par cette moiteur presque tropicale, incapable de m'endormir, secoué par les mouvements du bateau qui gigote en tous sens comme un cheval de rodéo. Avec les brusques rappels de l'ancre flottante, l'arrière qui percute l'eau avec d'énormes claques, *Sector* vibre et résonne comme un tambour...

Le hublot aère peu, mais pas question, par ce temps, de laisser la porte ouverte.

23 h 00 : chavirement violent. Environ 50 litres par le hublot, bordel dans la cabine, trop de petits objets qui se baladent. Angoisse.

L'eau a jailli à l'intérieur avant que je parvienne à fermer le hublot. Je me débats dans l'obscurité au milieu d'un véritable fatras : la cabine est encore encombrée de pas mal de choses qui n'ont pas trouvé leur place, vêtements de terre emportés à tout hasard, vivres frais embarqués la veille du départ, sac de couchage... Terrible impression que celle d'être enfermé dans le bateau chaviré comme dans une lessiveuse en marche...

4.

« Rowing boat calling Okera »

Déjà!

Le surlendemain du départ, me voilà confronté au test crucial : parviendrai-je à remettre *Sector* à l'endroit?

Dans l'obscurité complète, je me cale comme je peux, repousse à l'arrière les objets les plus gênants, puis ce sont les gestes tant de fois imaginés, tant de fois répétés, les yeux clos, comme un automate : cinquième vanne, celle du roof en position d'aspiration, troisième, celle du réservoir tribord en position de remplissage, ouverture de la sortie d'air – et je pompe, cent, cent cinquante coups, jusqu'à ce que le réservoir soit plein... C'est l'instant de vérité, mon cœur accélère. Une déferlante arrive, je pèse de tout mon poids sur tribord, et c'est reparti : mon petit monde rebascule et se redresse enfin.

Vidange du ballast, puis je sèche l'intérieur et je restaure un ordre précaire dans mon microcosme. Je ne m'attendais pas à chavirer si vite. Le Pacifique vient de me gratifier de sa première gifle. Je la reçois comme une caresse : ça marche!

M'attaquer à cette pagaille me prendra des heures. Un des caissons dans lequel se trouvait le détecteur de radars a pris l'eau, il me faut démonter l'appareil et tenter de le restaurer en le nettoyant à l'eau douce. Ensuite, arrimer les objets baladeurs, enfourner les vêtements dans un sac que je coince sous la couchette... Dans cet espace étriqué, je vais devoir sans cesse faire le ménage jusqu'à ce que chacun des objets trouve sa place, que je puisse m'en saisir d'instinct, sans avoir à chercher. La pagaille de la nuit m'aura servi de leçon.

Il y a onze ans exactement, le 14 juillet 1980, la mer était belle sur le banc Georges, le ciel clair, et le pavillon tricolore hissé sur l'antenne. J'en étais à mon quatrième jour de traversée de l'Atlantique. A l'époque aussi, j'étais parti tardivement, mais la distance à parcourir était deux fois plus courte. Tout en ramant, j'expérimentais une nouvelle technique de lecture de roman. Mon livre posé sur le cale-pied, j'en tournais les pages avec mes orteils. Une bouteille de mouton-rothschild 78 avait conclu dignement cette journée de fête nationale et solitaire.

Aujourd'hui, tout est gris. Ni dauphins ni oiseaux pour animer ce morne paysage. Cerné d'eaux glauques, je me prends à céder à la nostalgie du Gulf Stream, cette mer d'un bleu éclatant, profond, lustré, presque méditerranéen. L'Atlantique avait une beauté que je n'oublierai jamais. Ici, j'entre dans un monde atone et maussade.

Le 15 juillet, le ciel se dégage enfin, mais le vent, toujours contraire au courant, continue de hacher la mer et rend impossible toute tentative de progression aux avirons. Je me sens un peu honteux d'avancer si vite et sans rien faire, emporté par le Kouro Shivo qui, lui, ne se repose jamais. Un vrai tapis roulant. Pourvu que ça dure!

Dans l'après-midi, le ciel s'est voilé, prenant une teinte blanc laiteux. Des nuages d'altitude. J'y vois le présage d'une belle dépression à venir. Je m'en réjouirais plutôt car un petit vent de sud-ouest ou d'ouest ferait bien mon affaire...

Avec les courants transocéaniques, les dépressions sont la seconde occasion à saisir pour réussir une traversée rapide. A l'aviron, ma faible motricité me rend très vulnérable, je ne peux ni remonter au vent comme un voilier ni lutter contre la mer. En revanche, si ces éléments me sont favorables, je peux, non pas additionner, mais multiplier leurs effets sur ma vitesse de nage.

La dépression suit un mouvement de rotation inverse à celui des aiguilles d'une montre. Comme une eau qui se vide dans un lavabo, le vent tourne et s'engouffre au centre de la dépression pour la combler. Dans l'hémisphère Nord, ce tourbillon évolue d'ouest en est et me confronte chaque fois au même problème : si je prends la spirale par le haut, je subis des vents d'est qui me font reculer, et si j'arrive à me glisser en dessous, les vents d'ouest m'aident. Cela peut se jouer à quelques milles près. C'est toute l'intelligence et la finesse d'une telle entreprise que d'infléchir ma route pour utiliser au mieux courants et dépressions.

Mais les bulletins météo du Japon, que je recevrai par radio au début de la traversée, vont souvent me leurrer. Le temps court plus vite que mes capacités de déplacement. Je rame derrière des prévisions qui ont tout le temps de devenir des... postvisions! Alors, je dois compter sur mon sens de la mer, flairer le vent, scruter la couleur du ciel et tenter de me placer du bon côté des perturbations à la force des bras, en tirant davantage et plus longtemps sur les avirons, ou en prenant patience...

16 juillet. Je laisse le Kouro Shivo abattre le gros de l'ouvrage. Me mettre aux avirons contre ce vent fort m'obligerait à relever l'ancre flottante et, sans doute, à reculer plus vite encore. Je rame quand je peux. Le reste du temps, j'endure.

La nuit, cloîtré dans mon réduit, je baigne dans une chaleur d'étuve. La mer est de plus en plus mauvaise. Cette fois, je ferme tout, sauf le hublot-chicane, une petite ouverture qui ne me laisse rien voir à l'extérieur, prenant l'air dans un des coffres du cockpit. Recroquevillé sur ma couchette, j'étouffe, je suis trempé de sueur. Il se forme dans la cabine une telle condensation que le plafond et les parois ruissellent. Atmosphère de jungle. Et quand je me risque à ouvrir un bref instant le hublot, je prends une douche.

Sector est terriblement chahuté. La coque

encaisse des chocs brutaux, bondit, cogne en retombant, vibre de partout. A chaque secousse, de grosses gouttes tombent du plafond. Mais le pire, c'est de ne pouvoir m'empêcher de guetter, toutes les cinq minutes, le rugissement d'une déferlante. Un raffut d'express qui passe sans s'arrêter dans une petite gare de campagne. J'ai les nerfs tendus, je ne vois rien, j'entends la vague qui approche et me rattrape. L'instant d'après, c'est le coup de massue sur l'arrière, un coup de poing de géant qui vient s'écraser sur le roof, à dix centimètres de mon crâne, puis c'est une cataracte dans le cockpit. Je suis coincé comme un rat. Piégé. J'attends la prochaine déferlante, j'ai beau me dire que tout est paré pour le chavirement, je me raidis.

Et je ne vois rien : j'entends – et je subis.

De nouveau ce rugissement sur l'arrière qui me fait rentrer la tête dans les épaules, ce bruit d'express qui va me passer dessus...

Au matin, quelques vagues vicieuses remplissent le cockpit qui n'a plus le temps de se vider. J'embarque une cinquantaine de litres d'eau par le hublot-chicane.

Dans la bataille de la nuit, j'ai perdu un passager clandestin : un moustique qui m'avait piqué plusieurs fois, et que je n'avais pas eu le courage de tuer!

Cette machine m'énerve de plus en plus. Chaque soir depuis mon départ, je me bats avec le télex sans pouvoir accrocher l'un des satellites qui tournent au-dessus du Pacifique et de l'océan Indien... Je l'éteins la mort dans l'âme. Quel gâchis ! Je songe à tous ceux qui attendent de mes nouvelles, au travail acharné de Georges qui s'est démené pour mettre en place ce système de communication sophistiqué et terriblement onéreux...

Je me rabats sur le petit émetteur-récepteur radio qui me permet de trafiquer sur les ondes réservées aux radioamateurs. Ces passionnés respectent des règlements draconiens destinés à protéger les communications téléphoniques et à éviter une saturation des ondes. Certains se sont spécialisés et regroupés en réseaux qui couvrent une grande partie des océans, procédant quotidiennement à l'appel des bateaux qui les rejoignent, pour échanger avec eux des informations météorologiques et se tenir prêts à intervenir en cas de problème grave de sécurité.

Le 18 juillet au soir, je finis par entendre *Okera Net*, un réseau qui opère depuis le Japon et couvre le Pacifique Ouest. Profitant d'un trou entre deux appels, je me lance :

– *Rowing boat calling Okera, row boat Sector calling Okera Net*[1]...

J'imagine la surprise de l'opérateur recevant l'appel d'un rameur ! Mais, pour un Japonais, la procédure n'est pas un vain mot : il me demande d'attendre mon tour, qui viendra après l'appel des « habitués ». Je trépigne ; six panneaux solaires installés sur les roofs de la cabine et du poste avant me

1. *Bateau à rames appelle Okera, bateau à rames Sector appelle réseau Okera...*

fournissent l'électricité du bord, mais c'est une denrée bien trop rare pour la gaspiller ainsi ! J'arrive enfin à lui communiquer ma position et le moyen de la transmettre à Christophe qui séjourne encore au Japon.

Je m'endors ravi de ce petit exploit. Un doute m'effleure : mon accent anglais est mauvais, celui de mon interlocuteur pire encore ; me suis-je bien fait comprendre ? J'imagine la surprise de mes amis découvrant le lendemain que j'occupe une position au milieu de l'océan Indien !

18 juillet.

6 heures. Au réveil, les nuages et la mer ont une couleur de plomb.

Je relève l'ancre flottante, complètement éclatée !

Juste le temps de me laver les dents et me voilà en pleins travaux de couture. Plus triste encore, comme je l'avais craint, le vent de sud-ouest m'a sorti des rails du Kouro Shivo. C'est trop bête, j'espérais le garder encore quelques jours. *Sector* dérive doucement. Je décide de reprendre les avirons pour essayer de raccrocher le courant dans sa prochaine courbe, à 120 milles à l'est. Et puis j'en ai assez de cette vie de rat, il est temps de me secouer.

Progression incertaine avec un petit vent de travers et beaucoup de mer. Le ciel lugubre s'assombrit encore, puis viennent des orages et, miracle, le vent tourne de plus de 100° et s'installe au nord-ouest. Comme souvent en pareil cas, la mer, après un instant de réflexion, décide de faire ce qu'elle peut, c'est-à-dire n'importe quoi! Vagues croisées, abruptes, colonnes d'eau qui jaillissent et s'écroulent, trous... Deux trains de vagues se heurtent à 90°, créant cette mer impossible, mais le vent favorable me donne des ailes... Il pleut des cordes, mais je suis fou de joie d'avoir repris le combat! La pluie me fouette le visage et m'aveugle, je n'y verrais rien sans des lunettes de soleil qui ont aussi le mérite de filtrer la réalité et la rendent un peu moins grise.

Coup d'œil machinal au compas. Un autre au loch-speedo... Ce dernier instrument n'est pas indispensable, mais c'est l'aiguillon qui me fait tirer plus fort sur les avirons. 2,5 nœuds. Je fonce, bien décidé à ne pas lâcher avant d'avoir affiché 10 milles au loch.

A midi juste, j'ai atteint mon score. Un point astronomique me montre que le courant m'en a offert huit de plus. Pas mal. Le moral remonte.

A l'heure du déjeuner, je ressens une brûlure dans la partie charnue de mon anatomie, celle qui, bien davantage que les mains, souffre lors du travail aux avirons. Ramer sous une pluie battante et sans ciré n'a pas dû arranger les choses. Je fais un état des lieux au moyen d'un rétroviseur qui me sert de miroir, et que vois-je? une vingtaine de furoncles en formation. Des petits jeunes qui ne demandent qu'à grandir, l'un d'entre eux déjà purulent. J'étale une bonne couche de pommade Eucidine 40 et je m'y remets. En ramant, le massage du siège fera pénétrer!

Dans l'après-midi, ciel toujours aussi bas, rayé d'éclairs, grains violents. Je fais bonne route, couvrant 40 milles les « heures ouvrables ». J'ai bon espoir de me raccrocher au Kouro Shivo au sommet de sa prochaine boucle.

Ce soir, pour la première fois, il fait froid. J'allume une bougie. La flamme réchauffe ma cabine mais suffit à provoquer une condensation qui suinte de partout. Le sac de couchage et les vêtements sont trempés ; une humidité poisseuse dont je n'arrive plus à me défaire.

20 juillet. A l'aube, j'aperçois deux navires, un chalutier puis un grand cargo qui fait route vers le Japon. Le temps de boire mon café, le cargo est déjà à l'horizon. Il accostera demain matin au plus tard. Je suis parti depuis huit jours. Nous ne sommes pas du même monde !

Je tente de descendre toujours plus au sud. Une dépression m'a été annoncée ; qui sait, des vents favorables peuvent m'y attendre qui me relanceraient sur la bonne route ? C'est risqué. A ces latitudes, une erreur de positionnement peut me coûter cher, je serais condamné à errer au milieu du Pacifique, englué dans le calme des hautes pressions, ou ralenti par des vents contraires.

La mer est moins agitée, le temps idéal, avec un vent orienté nord-ouest, de 15 à 25 nœuds. J'attaque pour une journée record. Douze heures d'aviron.

Ceux qui connaissent l'aviron sportif peuvent se demander comment je réussis à supporter quotidiennement un tel rythme. Il faut bien se rendre compte que jamais je ne fais un effort violent, jamais je ne vais jusqu'à l'essoufflement. J'ai un bateau lourd ; une fois lancé, j'en accompagne et j'en entretiens le mouvement, sans forcer. Pour prendre une comparaison simple, je ne suis pas un coureur, je suis un marcheur. Mais un marcheur qui aurait décidé d'aller de Paris à Pékin en abattant cinquante kilomètres par jour, quel que soit l'état de ses pieds, quel que soit le temps, sous le soleil ou la neige, avec sur le dos un sac un peu trop lourd.

Mon moteur, ce n'est pas le muscle, mais l'acharnement, la haine du découragement qu'il faut combattre jour après jour, heure après heure, coup d'aviron après coup d'aviron, le prochain étant toujours plus pénible que le précédent. Je suis un résistant dans une guerre que je m'invente. L'ennemi, c'est moi avec mes faiblesses physiques, ma tentation de l'abandon. Cette tentation ne consiste pas, comme on pourrait le croire, à actionner ma balise de détresse et à tout plaquer. Ce sont les mille et un petits relâchements quotidiens auxquels nous sommes tous confrontés : commencer la journée cinq minutes après l'heure, m'arrêter une minute avant la pause, tirer un peu moins fort au prochain coup d'aviron, ne plus me raser, même. Ce sont ces abandons-là, en apparence insignifiants, qui me mèneraient inéluctablement au grand abandon. Et ce sont ces petites batailles dérisoires, répétitives, fastidieuses et sans gloire, qui me donneront la victoire.

J'ai sorti mes « bottes de sept lieues », ma plus grande paire d'avirons. 3,20 mètres, tubes en carbone Kevlar que prolongent des pelles en contreplaqué de frêne. Je me sers des trois tailles d'avirons dont je dispose, comme un cycliste qui sélectionne des vitesses sur son braquet. Cela me permet de doser mes efforts et ma vitesse de nage selon l'état de la mer et la direction du vent. J'utiliserai la plus petite paire, 3 mètres avec des pelles plus petites, lorsque le vent sera contraire ou la mer forte, ce qui adviendra, hélas, la plupart du temps. Mais aujourd'hui, vent arrière, la mer est belle, la vie aussi, *Sector* vole.

Garder le cap serait épuisant s'il me fallait sans cesse corriger ma route par une traction plus appuyée du bras droit ou du bras gauche. A bord d'un voilier, le réglage des voiles et l'action du gouvernail y pourvoient, mais, pour un bateau à rames, c'est un peu plus complexe. La propulsion est faible, un gouvernail trop grand agirait comme un frein. La solution : jouer sur des dérives qui offrent des surfaces immergées réglables. *Sector* comporte trois dérives, deux à l'arrière, encadrant le safran (la pièce principale du gouvernail), et une à l'avant. Ce sont des sortes de lames en carbone de 25 centimètres de large qui coulissent verticalement dans des puits étanches ménagés entre la coque et le pont. En actionnant des cordages ramenés au cockpit, je peux les immerger plus ou moins ou les escamoter totalement. Par vent de travers, par exemple, je descendrai un peu la dérive avant afin de compenser la surface du gouvernail et de tenir un cap acceptable. Par vent arrière, ce sera l'inverse : les deux dérives arrière immergées, je laisserai le bateau courir en fuite, l'avant s'effaçant dans le lit du vent.

Aujourd'hui, c'est le cas.

Un régal ! Avec 100 kilos d'eau dans le ballast arrière pour accentuer l'effet des dérives, *Sector* surfe gaiement sur les vagues. Je file 3 nœuds facilement, parfois 3 et demi. Et 30 milles au loch à la tombée de la nuit viennent couronner la journée.

22 juillet au soir.

Tout en écrivant, j'entends le vent revenir. Que sera demain ? Comme c'est bizarre de n'avoir plus qu'un souci, énorme, simple : d'où viendra le vent demain ? Je repense à ma vie des mois derniers, à ses milles tracas quotidiens, tous d'apparence primordiale, exténuants d'importance, choses à n'oublier sous aucun prétexte ! Et maintenant ceci : d'où viendra le vent ?

24 juillet. Compatissant à mes efforts, Dieu ou diable – je ne sais plus de qui je dépends – oriente le vent un peu plus au sud. Dérive avant enfoncée, ballast tribord lesté pour empêcher la gîte, je parviens à tenir un cap au nord. Mais les conditions climatiques se détériorent.

13 h 5. Naissance à bord ! En ouvrant le coffre à vin pour me saisir d'un des trois Cubitainers venus de France – du bourgogne, du bordeaux et du vin de Loire –, un minuscule moucheron s'en échappe... Je

CAPITAINE COOK

20 septembre 1980. Après une traversée de l'Atlantique en 72 jours, du cap Cod (U.S.A.) à l'entrée de la Manche, je rentre avec mon *Capitaine Cook* dans le port de Brest.
(Ph. Jean Guichard/Sygma.)

Page précédente : *(Ph. Gilles Klein/Sipa Sport.)*

Tout ce qu'il faudra embarquer à bord...

1. Une paire d'avirons — 2. Vêtements — 3. Nourriture déshydratée « Lyophal » (125 kg) — 4. Cartouches de gaz — 5. Aliments énergétiques — 6. Conserves *Capitaine Cook* (25 kg) — 7. Positionneur par satellites — 8. Livres et « sopalin » — 9. Bouteilles plastique pour l'eau potable — 10. Fusées de détresse — 11. Pharmacie — 12. Sacs de couchage — 13. Appareils de photos et pellicules (dans sacs étanches) — 14. Caméras vidéo Sony étanches — 15. Torches, feux à éclats — 16. Siège — 17. Réflecteur radar — 18. Pompe à dessaler l'eau de mer (statique, de secours) — 19, 20, 21, 22. Ancres flottantes et leur cordage.

... plus ce qui l'est déjà :

6 panneaux solaires — Batteries — 2 paires d'aviron — Cartes marines — Sextant — Radio — Telex — Réchaud — Bouilloire — Casserole — Piles — Matériel de pêche — Deux pompes à dessaler l'eau de mer — Compas — Loch speedo — Pompe fixe pour ballast — Outillage — Kit de réparation coque — Cubitainers de vin (3 × 5 l). *(Ph. Laurent de Bartilla.)*

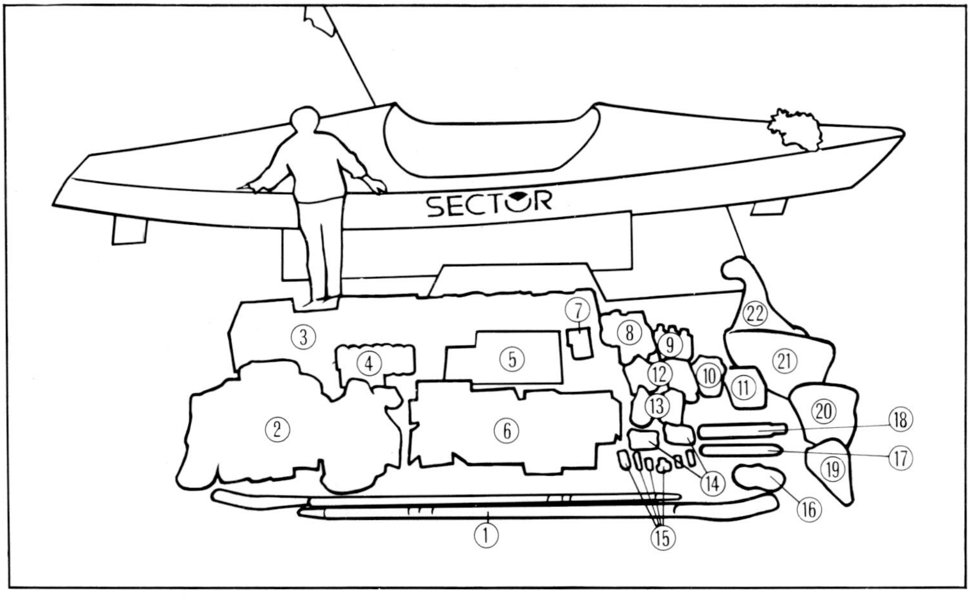

Sector à son arrivée aux U.S.A.
(Photo prise le 19 novembre
depuis le chalutier *Miss Mary*.)
(Ph. Dominique Aubert/Sygma.)

SECTOR

La navigation traditionnelle (sextant et chronomètre) me permet d'économiser mes piles en utilisant peu le positionnement par satellites. *(Ph. Gérard d'Aboville/Sygma.)*

L'intérieur du *Sector*. A droite sur la photo, la rangée de vannes qui me permet d'orienter l'eau de mer vers un ballast ou un autre pour redresser le bateau chaviré. Derrière ces vannes, le compartiment radio fermé hermétiquement. *(Ph. Dominique Aubert/Sygma.)*

12 heures par jour, 17 coups d'aviron à la minute, la routine d'une journée de beau temps.
(Ph. Gérard d'Aboville/Sygma.)

Si l'essentiel de ma nourriture est lyophilisé, une boîte de conserves *Capitaine Cook* vient de temps en temps égayer mon ordinaire. *(Ph. Gérard d'Aboville/Sygma.)*

Sur ancre flottante,
Sector aux prises avec les déferlantes.
(Photo prise le 19 novembre,
depuis le chalutier *Miss Mary.)*
(Ph. Sygma.)

Le 2 septembre,
alors que j'étais dans le cockpit
avec mon appareil de photo,
Sector est chaviré.
Rampant sur la coque retournée,
je prends une photo avant de redresser le bateau.
(Ph. Gérard d'Aboville/Sygma.)

19 novembre, le chalutier *Miss Mary,* venu à ma rencontre par une mer déchaînée, trouve le *Sector* chaviré. *(Ph. Sygma.)*

Quelques heures plus tard, *Miss Mary* vu du *Sector.* *(Ph. Gérard d'Aboville/Sygma.)*

Dans cette ultime culbute, mon bateau s'est fendu sur plus de cinquante centimètres. *(Ph. Gérard d'Aboville/Sygma.)*

Les chavirages ont souvent la brutalité d'un accident de voiture. J'en sors parfois le visage tuméfié.
(Ph. Gérard d'Aboville/Sygma.)

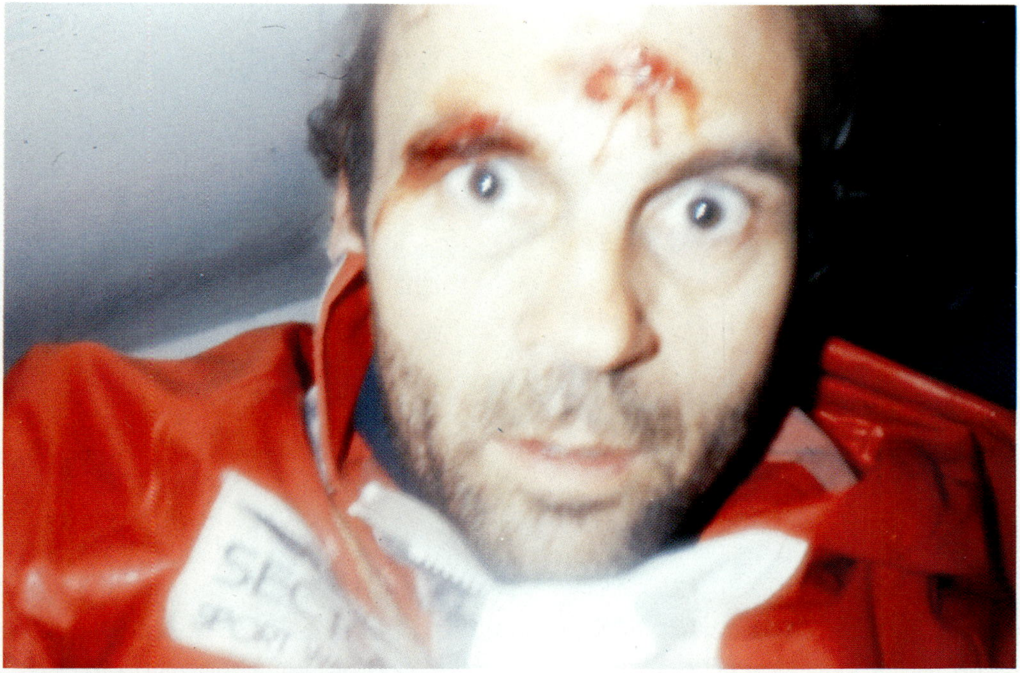

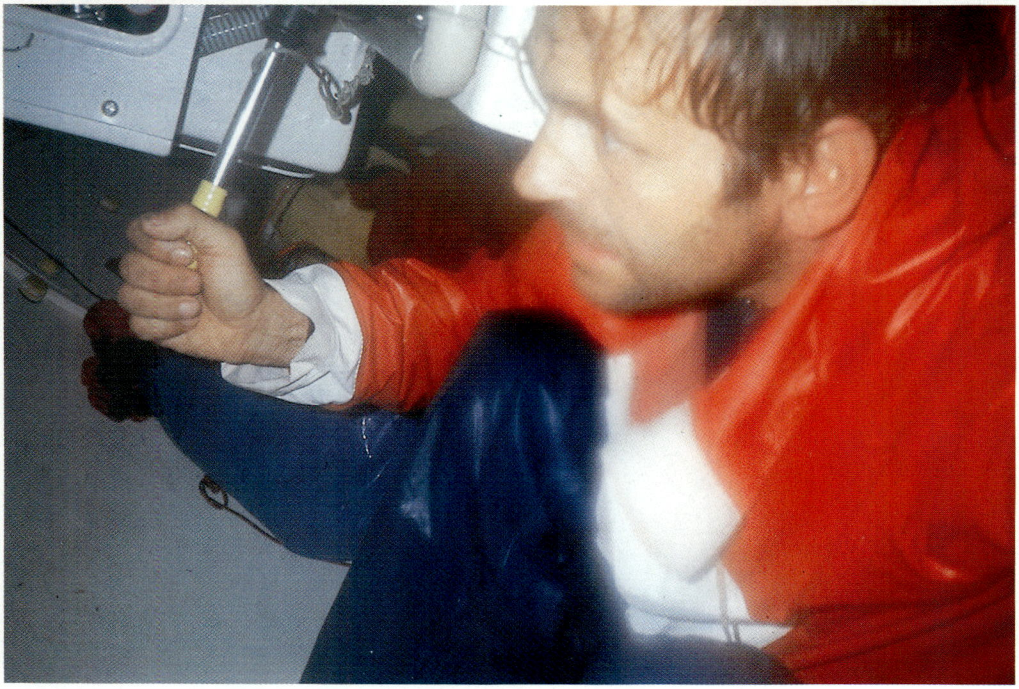

Sector est à l'envers, je pompe pour le redresser en remplissant d'eau de mer un des ballasts latéraux.
(Ph. Gérard d'Aboville/Sygma.)

29 octobre, rencontre avec le cargo russe *Pskor* qui insiste pour m'embarquer…
(Ph. Sygma et Gérard d'Aboville/Sygma.)

20 novembre, du *Miss Mary,*
Olivier de Kersauson me fait signe
de me retourner.
Derrière moi, la côte américaine…
(Ph. Dominique Aubert/Sygma.)

21 novembre, 12 h 15, j'entre dans le port d'Ilwaco. Désormais la traversée ne sera plus qu'un souvenir. Pourtant hier encore, c'est un boxeur k.o. que les passagers du *Miss Mary* ont retrouvé au large. *(Ph. Gilles Klein/Sipa-Sport* et *Dominique Aubert/Sygma.)*

La foule s'est tue, c'est l'instant magique. Tandis que *Sector* me tient encore, Cornélia, Ann et Guillaume laissent aller leurs larmes. *(Ph. Dominique Aubert/Sygma.)*

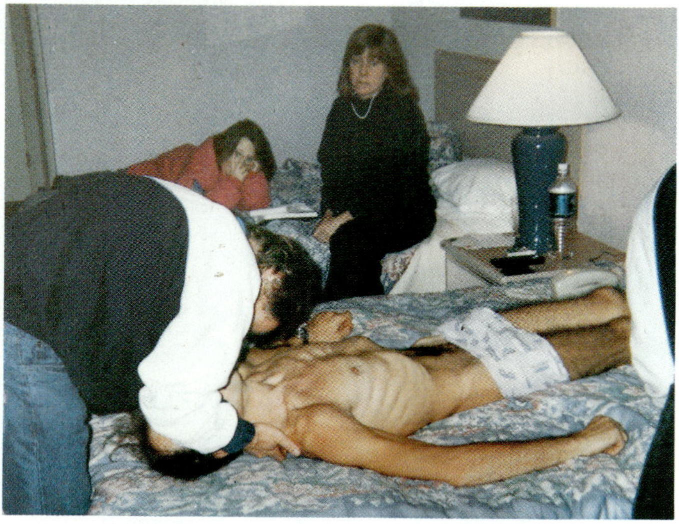

Cornélia et Ann songeuses devant ce qui reste de moi : pas grand-chose ! *(Archives Gérard d'Aboville.)*

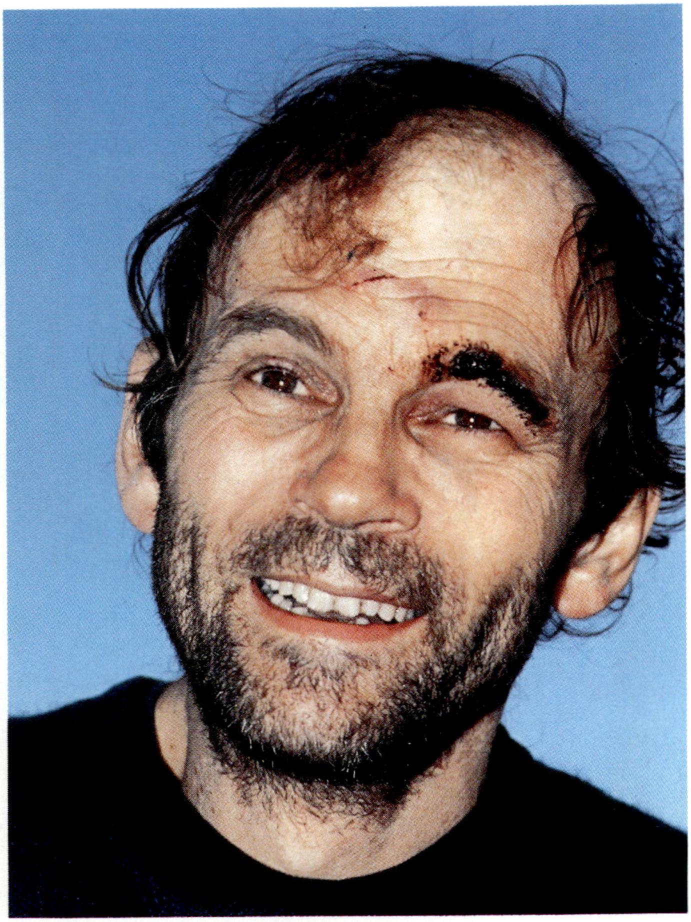

(Ph. Gilles Klein/Sipa Sport et Archives Gérard d'Aboville/Sygma.)

lui souhaite longue vie, mais je crains qu'elle ne soit courte... La mouche qui l'a pondu a bien mal choisi son lieu.

27 juillet. Dans un sursaut d'optimisme, je note encore : *Temps un peu brumeux, mer belle, vacances... J'avais oublié qu'un tel temps calme puisse exister. Je galope avec une jolie brise d'ouest. D'après la météo, ça devrait durer jusqu'au 15 août !*

Ça ne tiendra pas vingt-quatre heures : le vent tourne au sud.

J'ai une longue conversation avec moi-même devant les pilot charts. Mon plan idéal devrait me faire profiter des bienfaits du Kouro Shivo le plus longtemps possible, il me paraît compromis. Dois-je suivre l'orthodromie – c'est-à-dire la route directe, cette ellipse tendue sur l'océan, entre le Japon et les États-Unis ? Cela signifierait que je devrais me séparer plus tôt que prévu du courant favorable, et profiter du vent pour couper au plus court en remontant vers le nord-est.

Parti pour quatre ou cinq mois, je n'en suis qu'à ma troisième semaine. D'être déjà si attardé en saison me fait craindre le pire. Penché sur les cartes, j'essaie de raisonner à froid, mais ce que j'anticipe n'a rien de rassurant, mon journal de bord en témoignera :

Je crois que l'arrivée sera dure, très dure ; à partir du 19 septembre et surtout en octobre, ce ne sont, d'après les statistiques, que des creux de plus de 4 mètres et des vents de force 5 en moyenne. De plus, il faudra jouer très finement pour ne pas rater San Francisco. J'ai intérêt à foncer maintenant.

5.

La tête dans les étoiles

J'ai fini par m'y heurter. Un rempart mouvant, invisible. La muraille des vents d'est, vents contraires à ma route, vents de déroute, littéralement.

Pendant deux semaines, du 31 juillet au 14 août, je vais zigzaguer, avançant péniblement quand le vent faiblit, rivé aux avirons pour gagner quelques milles, dérivant sous ancre flottante la nuit et reperdant mes faibles avances en reculant franchement lors des coups de vent d'est.

Deux semaines de déprime, pendant lesquelles je vois l'été, ou ce qu'il en reste, s'enfuir inexorablement. Souvent, je renoncerai à faire le point, écœuré à l'idée de ce que je ne manquerai pas de trouver – ces quelques degrés de longitude si chèrement gagnés et si vite perdus.

Pour atteindre mon but, j'ai dû me créer un univers mental où la distance parcourue règne en maître. Univers fragile : maintenant que je ne progresse plus, la tentation de l'abandon me guette. Heures et jours passés à attendre que le vent tourne enfin... Pour remonter la pente, je relève fréquemment l'ancre flottante et m'acharne aux avirons, conscient de la vanité de mes efforts. Mais tout est bon pour m'entretenir dans l'illusion d'une progression qui me ferait échapper au pire.

Je n'ai pas de nouvelles de mes proches, qui me manquent cruellement. J'ai l'impression, par rapport à la civilisation que j'ai quittée, d'être un spéléologue qui s'enfonce dans sa nuit, toujours plus loin, toujours plus profond. Pendant quelques jours, je m'étais raccroché aux souvenirs de ceux qui m'avaient accompagné au Japon, imaginant avec un sens du détail maniaque leurs faits et gestes. J'avais mentalement accompagné Bruno pendant son retour en France, et au cours des quelques déplacements qu'il devait faire ensuite : sa voiture à aller chercher en Bretagne, son retour chez lui dans le Midi. Christophe m'avait « servi » un peu plus longtemps, je savais qu'il devait rester une semaine de plus au Japon – parti naviguer sur le voilier de Charlie. Et puis le temps a passé, et je les ai perdus de vue. La solitude se refermait, la vraie, la solitude déconnectée...

La solitude, c'est une vieille connaissance. L'expérience de l'Atlantique m'a appris qu'il vaut mieux s'y plonger, s'y immerger, plutôt que lui résister. Mais tout va trop mal. Alors, à chaque pause, je me glisse à l'intérieur de l'habitacle pour jeter un coup d'œil à l'ampèremètre, contrôler le rendement des panneaux solaires et la charge des batteries qui alimentent la radio. L'obsession est là, inavouée, de la petite dose de contacts humains factices dont j'ai un besoin si impérieux qu'elle me fait peur, de ma pilule de bonheur éphémère, de ces liaisons radio terriblement brèves, trop vite interrompues, et que je paie à chaque fois d'une solitude plus cruellement ressentie.

Deux semaines après mon départ, j'avais capté des voix américaines sur ma radio. Incroyable ! Plus de liaisons depuis des jours... Était-ce un effet de propagation dû à la nuit ? Cela me réchauffait le cœur d'entendre cet accent qui me reliait déjà à ma terre d'arrivée, pourtant si lointaine...

Mystère élucidé le jour où, calé sur les mêmes fréquences, j'entends une voix d'homme dire qu'il projette de passer son week-end à Manille. Manille ! Ce radioamateur est donc basé aux Philippines. Je bondis sur l'occasion. Deux de mes frères y résident actuellement. Persuader cet Américain de téléphoner à l'un d'eux, fixer un rendez-vous, et peut-être pourrai-je enfin renouer le fil qui me fera remonter jusqu'à la France ?...

– *Break ! Break !*

Après un léger cafouillage, l'Américain se règle sur ma fréquence. Cela doit lui faire drôle d'entendre un Français lui dire :

– *Voilà, je traverse la Pacifique à la rame, vous êtes mon premier contact depuis neuf jours. Pourriez-vous téléphoner à mon frère ?...*

Il me tarde de parler à Christophe, et surtout d'échanger quelques mots avec Cornélia, de savoir comment Guillaume se débrouille dans son stage de vol à voile, les enfants sont en vacances... Des choses simples, concrètes. Mais, pour ma famille, les liaisons se feront encore attendre plusieurs semaines. Il me faudra en passer par une station maritime qui reliera l'appel radio à un réseau téléphonique.

Reste le télex qui ne tient qu'à un fil, celui de l'antenne. Or son branchement me donne des soucis : ce câble souffre à chaque petite torsion infligée lorsque je sors l'antenne en position au-dessus du cockpit. J'ai beau la manipuler comme le saint sacrement, la connexion a vite faibli, avant de lâcher pour de bon. Il m'a fallu bricoler un contact assez aléatoire. De toute façon l'appareil ne veut rien savoir, je vais de désillusion en désillusion.

Un soir, il me joue le plus mauvais des tours. Indication sur l'écran : « message reçu ». Fébrile, je vais voir dans la mémoire de l'ordinateur. Rien. Sauf cette nouvelle indication : « message terminé ». Je l'aurais flanqué par-dessus bord...

« TM6 ABO, TM6 ABO, ici FK8CR qui t'appelle et t'écoute... »

Eddy, radioamateur à Nouméa, vient d'entrer dans mon petit monde. Régulièrement, parfois tous les jours, sa présence sur les ondes m'apportera réconfort et précieuses informations météo. Très bien équipé, FK8CR – c'est son indicatif – reçoit par fax les cartes météo du Pacifique, diffusées par des satellites. Jusqu'à la fin de la traversée, il sera fidèle au poste, sacrifiant ses week-ends pour me tenir au courant de l'évolution des typhons ou me transmettre des messages d'amis.

Du réconfort, j'en ai bien besoin... Je ne fais plus

qu'un repas par jour. Tous ces jours perdus seront des jours supplémentaires et, à ce train, je risque de manquer de vivres. Le doute s'installe, l'issue de la traversée est de moins en moins évidente.

Dès que l'étau se desserre, que j'aperçois la brèche, je reprends les avirons pour briser le cercle. Mais quand le vent d'est forcit à nouveau, souffle en tempête, je suis contraint de battre en retraite, ancre flottante par l'arrière, blotti dans la cabine, subissant le martèlement des déferlantes, le sifflement des rafales. J'attends de chavirer. Misérable, j'endure...

L'esprit ne peut même pas s'échapper de cet enfer, prisonnier qu'il est des mouvements désordonnés, convulsifs, du bateau.

Je pense aux tranchées de 14-18, à ces soldats terrés dans leurs abris qui devinaient à l'oreille le calibre et la trajectoire d'un obus. Et moi, je suis en train de guetter le rugissement de la déferlante pour deviner celle qui va me faire chavirer... Et cette torture peut durer dix heures d'affilée.

Comme par hasard, les premiers maux physiques ont fait leur apparition. Un matin, au réveil, j'ai ressenti une forte douleur derrière l'épaule gauche, à un endroit évidemment inaccessible pour le masser avec de la pommade... A quelque chose malheur est bon, le temps me force à rester sur ancre flottante, c'est jour de repos, je garde la chambre. Je nettoie et désinfecte les petites plaies, précaution indispensable en mer où la moindre écorchure s'envenime rapidement. J'ai enfin le temps de cicatriser. Mais le moral n'y trouve pas son compte.

10 août. La réception d'un télex de Cornélia, le premier depuis mon départ, me remplit de joie et, en même temps, de frustration. Ses mots me laissent sur ma faim. Pas assez de précisions, de détails. J'en veux davantage. Elle me dit s'être rendue dans un restaurant avec les enfants, mais où exactement? A-t-elle pris la voiture? Sur quelle route? Pour aller dans quel restaurant? Je veux le nom, le menu, l'emplacement de la table. Tout ce qui me manque ici. Tout ce qui a une odeur, une couleur, une saveur bien particulière. Imagine-t-elle à quel point je me sens frustré de ces choses simples de la vie? A quel point j'ai besoin de les sentir réellement, de les toucher, de les respirer?

11 août. Dans la nuit, secoué comme jamais. Une dépression qui a dû me passer juste au-dessus, le vent a soudain viré à 180°, la mer est démontée.

J'ai dû mettre deux ancres flottantes à l'avant, ce qui n'empêche pas *Sector* de prendre de formidables claques – l'impression, à travers la coque, d'être roué de coups.

Mais une belle surprise m'attend avec le matin. Un vent léger de nord-ouest a dissipé le cauchemar. Je m'extirpe de la cabine, yeux écarquillés, membres engourdis, n'osant y croire.

Avec cette saute de vent, la mer reste défoncée. L'idée d'aller me refaire mouiller en sortant de ma tanière ne m'excite guère... Mais j'en ai assez d'être là comme un grabataire. Je commence par relever l'ancre flottante, mets *Sector* en fuite, et procède à une remise à neuf de ma personne et de la machine comme c'est d'usage à bord le dimanche matin. Un peu de graisse là où ça rouille, un coup de brosse, un brin de toilette, et me voilà rasé de près, revigoré, parti pour neuf heures d'avirons, cap au nord-est. A Dieu vat!

14 août. Ciel uniformément bleu, phénomène rarissime depuis mon départ. Pourtant, le baromètre chute à vue d'œil. Vais-je enfin négocier la dépression qui s'annonce du bon côté? Je viens tout juste de rattraper ma position du 31 juillet. Deux semaines de surplace!

D'où viennent ces petits couinements d'ordinateur ou de montre à quartz? J'étais en train de déjeuner dans la cabine quand ces bruits me surprennent. Je vérifie le matériel. Rien d'anormal. Poussant mes investigations, je finis par découvrir qu'une centaine de dauphins s'ébattent à proximité avec des petits cris dont l'écho se répercute sous l'eau, contre la carène.

Mes furoncles ne me tyrannisent pas trop. Heureusement je n'aurai pas d'ailleurs de gros soucis de santé pendant la traversée. Pourtant, le docteur Chauve, avec qui je suis parfois en contact radio, aura bien du mal à assumer sa mission d'ange gardien. Lorsque j'ai un pépin, je préfère le taire, éventuellement le mentionner quelques jours plus tard, incidemment. Même quand je me casserai deux côtes et un doigt, je ne verrai pas l'intérêt d'épiloguer sur le sujet. Bien sûr, c'est douloureux, on s'en passerait volontiers, mais ça n'a rien de gravissime ; du moment que je peux continuer à tirer sur les avirons, rien d'autre ne m'importe. En faire tout un roman dans mon journal de bord ou m'en plaindre à la radio aurait contribué à leur donner un surcroît de réalité, à me préparer de bons prétextes pour justifier un abandon si le mental avait craqué.

17 août. Deux semaines de retard sur mon « plan de marche ». Je dois m'imposer un rythme sévère aux avirons.

En temps normal, quand il ne fait pas trop mauvais pour ramer, ma journée commence à la pointe du jour. Lever à 6 heures. J'avale mon petit déjeuner, une préparation énergétique à base de fruits secs et de céréales, le tout aromatisé au café ou au chocolat. Puis je jette un coup d'œil à l'extérieur. A l'aube et au crépuscule, la couleur du ciel me donne de précieuses indications sur le temps à venir. Une aurore en technicolor est un mauvais signe ; en revanche, un coucher de soleil flamboyant sera de bon augure.

Après m'être fait chauffer un café, je le pose dans le cockpit. Façon de me dire que « c'est dehors que ça se passe » et de m'obliger à sortir du relatif confort de la cabine. Comme j'ai tendance à aller rejoindre la tasse... ma journée peut démarrer.

De 6 h 30 à 9 h 30, je rame. Puis je m'accorde une pause durant laquelle je reprends un café, parfois une soupe en sachet, avant de m'y remettre jusqu'à midi. Je m'arrête une heure et demie ou deux heures pour déjeuner, faire un peu de navigation au sextant ou sur la carte et, quelquefois, griller un cigarillo. De 14 à 16 heures, retour au poste de nage, nouvelle pause, et je repars jusqu'à 20 heures. Lorsque je serai forcé de rester sous ancre flottante plusieurs jours de suite, je me rattraperai en faisant des heures supplémentaires une partie de la nuit.

Si je m'impose un respect absolu des horaires établis, c'est pour tenir la distance. Cette routine est ma règle d'or; l'enfreindre, ne serait-ce qu'en grignotant des minutes à chaque pause, serait mettre le doigt dans un terrible engrenage, risquer d'en faire un peu moins chaque jour.

Quand la journée est bonne – traduisez quand j'avance bien –, le moral est haut et l'appétit suit. Outre quelques conserves, je me nourris essentiellement de ces plats lyophilisés qui avaient tant impressionné les douaniers japonais, et que je réhydrate avec un peu d'eau chaude. Avantages de ces préparations : gain de poids, conservation parfaite, goût intact. Inconvénient : une certaine lassitude qui s'accroîtra vers la fin du voyage – mais quel type de nourriture ne se révélerait pas lassant après quatre mois ? Les steaks lyophilisés requièrent, après réhydratation, un passage à la poêle, donc un peu de matière grasse. Peu avant le départ, j'avais déniché, dans un magasin spécialisé dans le camping, un corps gras lyophilisé que je n'ai pas eu le temps de tester. Ce sont de petites paillettes semblables au savon que l'on employait jadis pour la lessive à la main. Dans la poêle, sous l'action de la chaleur, on dirait de l'huile. Mais, attention, en tiédissant, l'ersatz reprend très vite sa consistance première et l'on a, après deux ou trois bouchées, la bouche comme tapissée de cire. Par bonheur, pour varier l'ordinaire, j'ai embarqué des conserves Capitaine Cook, souvenir de ma traversée de l'Atlantique, qui agrémentent mes menus. Parmi ces conserves : des filets de thon dont je garderai précieusement l'huile d'olive pour la friture des steaks.

Dispositif clef de ma survie : les pompes à dessaler l'eau de mer. Il y a dix ans, ce problème n'était pas résolu et j'avais dû emporter pour traverser l'Atlantique près de trois cents litres de liquides, eau et vin. Plus lourd que le poids du bateau lui-même ! Pour le Pacifique, il m'aurait fallu prévoir quelque cinq cents litres. Heureusement, des appareils peu encombrants ont été mis au point depuis. Le système repose sur des filtres alimentés par une pompe. Certains, qui ont largement fait leur preuve lors des courses à voile autour du monde, fonctionnent avec un moteur électrique et fournissent d'importants cubages. D'autres, manuels, sont prévus pour les canots de sauvetage.

Avec une pompe qui pèse environ quatre kilos, j'arrive à faire un litre d'eau potable en douze minutes. C'est un bon débit car, seul, je consomme à peine un litre et demi par jour. J'en ai emporté deux du même type, et une troisième, d'un principe différent, pour plus de sécurité. Cette dernière doit être immergée, la pression de l'eau compressant un piston qui fait passer de l'eau de mer dans le filtre. Le principe est génial, mais le rendement inférieur, je ne l'utiliserai pas mais serai bien content de l'avoir à bord comme pompe de secours.

Avant le départ, j'avais imaginé profiter des mouvements du siège coulissant pour actionner ces pompes et produire mon eau douce en ramant. Une idée intéressante que Bruno avait su concrétiser en réalisant un mécanisme simple de liaison entre les pompes et le siège. Mais cette trouvaille ne résistera pas à l'usage : ce système m'oblige à tenir une cadence de nage légèrement accélérée, désagréable à la longue. En outre, le mauvais temps m'offre assez de loisirs forcés pour m'occuper utilement. Je démonterai donc l'une des pompes du cockpit pour l'actionner à la main.

Si, sur l'Atlantique, j'avais pu emporter une sérieuse quantité de vin rouge, autant d'eau en moins à embarquer, mon installation de dessalement m'a posé un réel cas de conscience : un litre de vin égale un kilo supplémentaire. J'ai quand même craqué pour quinze litres, que j'ai jugés indispensables au maintien de mon moral. Le plaisir d'un demi-verre de vin à chaque repas est rehaussé par l'emploi d'un verre ballon qui est l'objet de toutes mes attentions mais finira pulvérisé au cours d'un chavirement.

18 août.

Ce matin, triste constatation. Je n'ai fait à peine qu'un quart de la route ! En 38 jours. A cette vitesse, il me faudrait un peu plus de cinq mois... Tout cela me rend bien songeur et le moral en prend un coup, je vais même devoir faire attention aux vivres.

A 5 heures, je m'y remets et tente de faire route au nord-ouest. Compas, loch-speedo... Toujours le même refrain. La même cadence de métronome. L'épaule, le bras, la main, l'aviron ne forment plus qu'un membre homogène, parfaitement adapté à sa fonction. Mes nerfs commencent là-bas, à l'extrémité des pelles. Dans cette houle coupée de vagues croisées, ils commandent la nage : laisser courir un aviron pour éviter la casse, corriger l'angle d'attaque, tirer un peu plus fort sur tribord pour redresser le cap de 3°, 4°...

Le corps travaille comme une machine, et l'esprit fonctionne comme une calculatrice. Moyenne, nombre de jours... Il tient les comptes. Mentalement, je cherche à estimer la durée de la traversée, je fais et refais mes calculs, examine toutes les probabilités, extrapole... Les meilleurs jours, j'essaie d'abattre mes 40 milles, soit 1° de longitude. C'est ma mesure de référence. Et les chiffres défilent dans ma tête, s'alignent sur mes carnets, des colonnes de chiffres qu'une saute de vente suffit à balayer.

Tout en ramant, ces calculs secrets m'occupent pendant des heures. Mes pronostics me donnent au mieux une arrivée entre le 10 et le 15 novembre. Au pire, le 15 décembre...

LA TÊTE DANS LES ÉTOILES

L'instant le plus attendu de la journée, c'est lorsque je fais le point. Mes instruments me situent par référence aux astres et aux satellites. J'éprouve une fascination, un vertige, à mesurer mon insignifiante progression grâce à ces balises cosmiques. J'ai les pieds dans mon minuscule cockpit, mais à travers la lunette du sextant j'ai la tête dans les étoiles, mon champ de pensée s'élargit alors à l'échelle de l'univers.

Et pourtant, vers quoi me ramène mon esprit, parfois jusqu'à l'obsession : des choses à dimension humaine, des sons, des odeurs, des lieux familiers.

Quel paradoxe !

Mon dénuement m'aide à retrouver l'importance de tout ce qu'on ne perçoit plus, à force de le côtoyer.

6.

Et si tout ça ne servait à rien?

19 août.

Cet océan est impitoyable, par la taille. Dans l'Atlantique, à distance égale, je serais déjà à mi-chemin. Ici, quand je regarde ma carte, je suis encore si près du Japon...

J'essaie de ne plus compter en jours, mais en semaines, voire en mois. Hélas, quand je suis aux avirons, c'est en heures, en quarts d'heure, parfois en minutes que je compte ! J'ai cette double perception du temps, l'une qui concerne la traversée, en semaines, et l'autre ma journée, en minutes.

Vissé à mon siège, abruti par ce labeur d'automate, j'essaie de ne pas trop regarder ma montre. D'après ma règle, je m'accorde cinq minutes de pause toutes les heures, les heures rondes. Alors, je regarde cette aiguille des minutes qui gravite lentement, si lentement qu'elle paraît collée. Le temps semble ralentir à chaque coup d'aviron, et chaque coup d'aviron à venir semble plus dur que le précédent. Chaque minute dure une heure et chaque heure une journée...

Six heures de nage et 5 milles au loch, c'est un maigre score, mais je me sens tellement mieux que dans l'habitacle à me morfondre. J'ai l'obsession de la saison qui passe. Elle est terrible, cette épée de Damoclès, toujours plus présente, toujours plus lourde à mesure que les conditions météo se durcissent et que les tempêtes, inexorablement, se font plus fréquentes, plus longues, plus dangereuses.

20 août. Temps superbe après une longue période de grisaille. Les nuits étaient dégagées, mais les journées se traînaient dans une lumière blafarde, avec un télex éteint, faute d'électricité. Avec le retour du ciel bleu, les batteries se rechargent, je peux enfin envoyer des messages.

Sur les bandes radioamateurs, j'entends distinctement les Américains du *Pacific Net*, un réseau d'Hawaii et, ce soir, pour la première fois, je capte un radioamateur de San Jose, en Californie. Ça se rapproche...

Je me trouve dans une zone de hautes pressions. Petites brises contraires. J'ai besoin de remonter en latitude. Là-haut m'attend du mauvais temps. Quel malheur que d'avoir à souhaiter des dépressions pour progresser rapidement!

Plusieurs avions de ligne, très haut dans le ciel. Sans doute suivent-ils la route des jet-streams, les courants-fusées qui soufflent entre huit et douze mille mètres d'altitude, et leur font gagner une vingtaine de minutes sur les vols transocéaniques... Quand j'imagine cet autre monde si proche et si différent, ces passagers confortablement installés, juste au-dessus de moi, je ressens une sensation étrange. Un mélange d'envie et d'indifférence...

Le Pacifique est terriblement vide. En un mois, je n'ai croisé que deux navires. Le premier était un « car carrier », le *Nissan*. Ces énormes parkings flottants où s'entassent des voitures neuves sont les bateaux les plus laids que je connaisse ; c'est à peine si l'on distingue, vaguement, un avant et un arrière... Le second, un chinois avec qui j'ai pu établir un bref contact radio, se rendait dans l'estuaire de la Columbia River, en Oregon...

Le « petit » Atlantique était beaucoup plus fréquenté. J'avais rencontré un concurrent de la Transat, un yacht allemand sur lequel j'avais pris un café, un chalutier russe, un cargo norvégien, la frégate météo *France-II*, un thonier... Ici, tellement peu de monde.

Je peux compter sur les doigts d'une main les jours ensoleillés. J'évolue dans un monde lugubre, monochrome. Quant aux poissons, je me demande où ils sont... Seules traces de vie animale : un moustique, un moucheron, quelques coryphènes venues se mettre à l'abri de ma coque, un aileron suspect et un dos de baleine... Celle-là, même pas eu le temps de la photographier. Le temps de me saisir de l'appareil, elle avait déjà disparu.

Et puis, soudain, j'ai aperçu une autre baleine. Branle-bas de combat sur *Sector*. Le cétacé m'a paru grand, environ 10 mètres du nez à la bosse dorsale, autant qu'il m'est possible de l'estimer car il nageait à cent mètres devant moi. Fébrile, je sors une caméra et l'appareil photo. Trop loin pour lui tirer le portrait. Je tapote l'eau avec un aviron, il paraît que ça les fait venir. Rien. Elle m'ignore superbement. Vexé, je cherche à m'en approcher sur la pointe des pelles, mais elle me tourne le dos et plonge dans un mouvement de queue aussi majestueux que dédaigneux.

Plus tard – c'est décidément mon jour de visite – une bande de dauphins rapplique sur tribord. Ceux-là aussi, je me réjouis de les voir. Du temps où je naviguais avec Cornélia sur le *Lady Maud*, les dauphins venaient par dizaines faire les fous et jouer dans la vague d'étrave. Mais leurs cousins du Pacifique Nord ne s'attardent guère avec un camarade de jeux aussi pataud que *Sector*. J'ai envie de leur crier « Hé ! J'existe ! »

23 août. Il s'en est fallu d'un cheveu. J'étais debout sur le roof, en train de revisser la partie supérieure de l'antenne, quand celle-ci s'est cassée au ras du filetage, me faisant perdre l'équilibre. Je n'étais pas harnaché et j'ai bien failli tomber à la mer... Je m'en suis tiré avec un bleu et une grosse frayeur. Le bateau dérivait vite ; une fois tombé à l'eau, je n'aurais pas pu le rattraper.

Un mauvais réflexe, et tout s'arrêtait là.

24 août.

Journée noire.

Ce matin, 6 h 30 : alors que j'étais dans la cabine, Sector s'est fait renverser par une déferlante d'une ampleur exceptionnelle.

J'essaie toutes les combinaisons de ballasts, me balance d'un bord à l'autre pour aider la coque à se retourner, m'acharne durant une heure... Rien n'y fait. Je suis en nage et je commence à manquer d'air, je suffoque... Mon cœur s'est emballé, des palpitations folles, incontrôlables; plus je m'angoisse, plus j'étouffe, plus ça s'accélère. Je démonte l'hélice du speedomètre pour créer une ouverture dans la coque au-dessus de moi. L'eau gicle, un filet d'air s'y glisse, mais cela reste toujours aussi oppressant. Je me décide à tenter une sortie. Manœuvre désespérée car, une fois la cabine inondée, je ne sais pas si je parviendrai à redresser le bateau de l'extérieur.

J'ai passé cent fois le film dans ma tête. Je prépare la balise de détresse, attachée contre la cuisse. Sortir de *Sector* à l'envers sera difficile, j'arriverai sous le cockpit d'un bateau chaviré et remué en tous sens. J'ai peur de rester coincé...

Miracle : vers 8 h 15, il se redresse enfin.

Je suis resté une heure trois quarts dans la cabine retournée. Deux heures durant, affalé sur la couchette, je reprends mon souffle, incapable de faire quoi que ce soit.

Je me suis remis aux avirons. L'océan s'est encore creusé, j'enchaîne des surfs à près de 12 nœuds. C'est idiot et dangereux de ramer par ce temps, mais j'obéis au besoin impérieux de chasser l'épouvantable impression de claustrophobie de ce matin.

Et soudain, je chavire. Je reste coincé sous le cockpit, mon harnais emmêlé je ne sais où... Je me débats comme un diable; par instants, je parviens à émerger sur le côté du bateau et à respirer. Je bois aussi beaucoup d'eau. Ça bouge énormément, ça cogne. Un cauchemar. Au milieu de ce bouillon d'eau blanche et d'écume, je me bats pour tenter de déboucler ce harnais. Je m'épuise à toute vitesse, je vois la fin. Enfin, j'arrive à me libérer, épuisé. J'ai encore à me traîner jusqu'à la poupe en m'agrippant à la main courante... *Sector* dérive vite. Si mes doigts lâchent, je le perds. Me tenir au safran, et puiser tout ce qui me reste d'énergie pour me hisser sur la coque... Là, à califourchon, je rampe sur la carène, glissante, instable au possible, jusqu'au milieu. Le cordage de l'ancre flottante est à la dérive, amarré au sommet du roof. Je le crochète avec mon pied, le remonte, le prends au rappel et parviens à redresser *Sector* qui me retombe dessus. Je n'ai plus la force d'embarquer. Je retrouve le cordage à la dérive et m'assure dans le même temps que je reprends mon souffle, puis je réussis à passer un pied dans le cockpit, une jambe, j'y suis... Je m'écroule dedans, et vomis.

Il est 17 h 30, je suis mort de fatigue et très démoralisé... Je sais que la sagesse serait d'abandonner. Je sais aussi que je ne peux m'y résoudre sans y être obligé, mais alors sera-t-il encore temps? Tout à l'heure, j'ai été à deux doigts de mourir.

25 août.

A peu près rien mangé hier ni de toute la journée, et la nuit dernière je n'ai pas dormi, encore sous le choc, avec accès de halètements. J'avais tout fermé, et ça a disparu après un tour dehors. Probablement était-ce dû à l'air vicié.

Sensation d'étouffement. Le premier chavirement m'a traumatisé davantage que le second où j'ai dû agir, décider, me battre dans un temps très bref. Mais hier matin, quand je me suis retrouvé prisonnier du bateau renversé, au bord de l'asphyxie, avec ces battements de cœur, j'étais comme une bête prise au piège.

Le danger numéro un, c'est l'apitoiement sur soi-même. Ce moment de faiblesse. Il ne s'agit même pas de la tentation d'abandonner, de se faire récupérer par un bateau après avoir actionné la balise de détresse, mais simplement de se laisser aller à mourir en se disant : « Là, c'est trop dur, j'ai chaviré une fois de plus, une fois de trop, je suis dehors, je lâche tout. » Bêtement. Parce qu'à un moment donné, il est plus facile de laisser tomber que de continuer à se battre.

Sur l'Atlantique, en 1980, nous étions trois à tenter

la traversée en solitaire. Les deux autres ont disparu. Je crois savoir quand, au cours de quelle tempête, et comment : cette espèce de déprime, de détresse totale, avec le bateau chaviré et rechaviré... Quand ce moment approche, le risque atteint son maximum.

Lors du second chavirement, il y avait un peu de soleil et ça m'a aidé. De nuit, je ne sais pas ce qui se serait passé...

J'ai connu ces trous intérieurs, ces phases de découragement. Le moral qui vacille, qui bascule dans des pensées négatives. Certaines fois, j'en ai pleuré de lassitude, de dégoût. Impression de faire quelque chose de dérisoire. D'habitude, je suis plutôt du genre à traiter légèrement les choses graves, mais, en sortant de ces heures de cauchemar, sachant parfaitement que les jours, les semaines à venir seront encore plus atroces, j'ai pensé : « Et si tout ça ne servait à rien ? Et si je n'étais qu'un pitre au milieu de l'océan, comme il en existe bien d'autres sur terre, tel enfin que je serai moi-même demain, alors à quoi bon cette rage de survivre ?... »

Les réponses, ou ce qui ressemble à des réponses, viendront au bout de la traversée. Parce que j'aurai tenu bon, accroché corps et âme à mon objectif : traverser l'océan, en l'ayant traversé cent fois, mille fois en pensée, avant et pendant le parcours. J'ai ce mors entre les dents, que je serre, serre de plus en plus fort.

Un soir, captant un bulletin d'information sur RFI, j'ai appris qu'un typhon avait ravagé le Bangladesh, provoquant des dizaines ou des centaines de morts. Il y en avait déjà eu des milliers voici quelques semaines. J'ai écrit dans mon journal de bord :

N'est-ce pas un luxe inouï que d'entreprendre une telle traversée ? J'ai renoncé au confort, je risque ma vie, gratuitement, quand tant d'autres ne luttent âprement que pour survivre, pour manger un jour de plus. J'accepte qu'on y trouve quelque indécence. Mais qui sait si même là-bas, entre deux tourmentes, des petits garçons ne rêvent pas de faire un jour de grandes choses inutiles ?

26 août. Une libellule dans le cockpit ! D'où peut-elle venir ? Elle m'a l'air complètement groggy. Peut-être une tempête qui l'a emportée en altitude du côté de la presqu'île du Kamtchatka pour la rejeter à des milles et des milles de là, au milieu de l'océan. Je l'ai ramassée, mais, quand j'ai voulu la nourrir avec un peu d'eau sucrée, elle a pris peur et s'est enfuie...

16 h 30, chavirement.

Assez violent pour briser l'antenne radio. J'ai pu redresser en cinq minutes, sans trop de mal. Je bricole un contact pour la liaison radio du soir.

Faible contact avec Eddy – FK8CR – qui me lit deux messages, l'un de Cornélia, l'autre de Guillaume. Depuis quelques jours, mes panneaux solaires ne chargent pratiquement plus et je suis bouleversé en songeant que c'était peut-être leur dernier message.

Cette nuit, malgré une mer forte, j'ai mis un maximum de poids sur l'arrière, ballast plein, dérives enfoncées, pour éviter que *Sector* n'aille enfourner. Le bateau part dans des surfs effrayants pendant cinq à dix secondes. Soulevé par la vague, il est projeté en avant et descend avec elle à une vitesse folle. S'il se met à piquer du nez, c'est la culbute. Je me couche la tête vers l'arrière pour ne pas risquer de m'assommer contre la cloison. Cette fois, c'est passé sans casse. Jusqu'à quand?

28 août.

Nouveau chavirement dans la matinée, mais pas d'avaries.

J'en suis à mon cinquième.

Dans la soirée du 29, je réussirai, par le biais d'une station maritime japonaise, à joindre par téléphone la maison de mes parents, à Kérantré. Conversation difficile, hachée, saturée d'écho, mais j'ai pu échanger quelques mots avec mon père et avec Guillaume qui se trouvait là, lui aussi... Ils n'en croyaient pas leurs oreilles. Le tout par une belle nuit, sous la lune.

31 août.

Superbe journée, soleil presque tout le temps, bonne séance d'aviron, à poil quelques heures... Si l'hiver n'arrivait pas et si je n'étais pas un pauvre malheureux tout seul au milieu du Pacifique, la vie serait acceptable!

J'ai trouvé un poisson dans le cockpit. 35 centimètres, tout ce qu'il y a de comestible. J'en ai fait mon déjeuner. D'ailleurs, c'est vendredi...

Au début, j'avais fait un bout de chemin avec quelques daurades coryphènes venues s'abriter contre la carène. Sur l'Atlantique, c'était mon garde-manger, un vivier dans lequel je puisais à volonté ou presque. Celles du Pacifique m'ont faussé compagnie très rapidement, sans doute pour gagner des eaux plus chaudes.

Ce poisson tombé du ciel sera ma seule prise. J'ai perdu tout mon matériel de pêche contenu dans un des coffres du cockpit dont le verrou a cédé lors d'un chavirement. Je ne pense pas d'ailleurs qu'il m'aurait servi à grand-chose, ces eaux sont comme mortes.

Sur cet océan désert, où je ne croise rien ni personne, les traces de mes congénères sont pourtant bien présentes. La pollution y est partout visible. Oh, il ne s'agit pas de celle dont on parle, la plus grave et la plus choquante, que provoquent les pétroliers, mais d'une pollution rampante, qu'illustrent une multitude de petits déchets, lambeaux de sacs en plastique, débris de polystyrène expansé, etc.

Toutes les vingt minutes environ, je remarque un de ces détritus, ce qui, compte tenu de ma faible vitesse et de ma vision limitée, donne une idée des montagnes qu'ils constitueraient s'ils étaient rassemblés. Et ces matières sont quasiment éternelles, chaque année apportant son lot, toujours plus fourni que les années précédentes. Quelle ironie surtout de penser que ces déchets ne proviennent même pas des produits que nous consommons, mais seulement de leurs emballages !

Bien sûr, cette pollution n'a pas les effets tragiques d'une marée noire, mais quelle déception tout de même ! Je suis comme un alpiniste parvenu au sommet de l'Annapurna et qui tomberait sur une canette de bière. Cela ne retire rien aux épreuves endurées, mais le rêve est mutilé.

Seul intérêt de la situation : je fais les poubelles. J'ai ramassé ce matin un gros parallélépipède de polystyrène qui, une fois amarré sur le roof, pourrait faciliter le redressement du bateau lorsqu'il est chaviré.

Accroché à une bouée de filet qui dérive, un minuscule crabe me fait penser au Petit Prince sur sa planète. Je l'invite à déjeuner à bord et il se régale de riz lyophilisé.

Dans l'après-midi, j'ai envoyé un message dans une bouteille. Dans l'Atlantique, j'avais lancé cinq bouteilles de rhum à la mer. Jamais eu d'écho. J'espère que celle-ci trouvera son destinataire, j'ai promis 100 dollars de récompense à celui ou celle qui me retournera ledit message. On ne peut être plus engageant, mais je ne m'attendais pas au résultat. J'aurai la surprise de recevoir deux réponses. Et quelles réponses ! *Paris Match* avait publié à mon retour la photo que j'avais prise de ce message, photo sur laquelle apparaissait mon adresse personnelle; peu de temps après arrive du Venezuela la copie de mon message, sur papier quadrillé. Un petit malin m'enverra aussi, d'Afrique noire, la photo carrément découpée dans le *Paris Match*, jointe à une lettre me réclamant les 100 dollars promis. Il croyait avoir gagné le concours... Je lui retournerai la photocopie d'un billet de 100 dollars... Une photo pour une photo!

A mon retour, je recevrai quelque quatre mille lettres. Dans la plupart, à ma grande surprise – et à la différence de celles que j'avais reçues après ma traversée de l'Atlantique –, on me dira plutôt « merci » que « bravo ». La première fois que je lirai ce « merci », je penserai avoir affaire à un cas particulier. Mais à la dixième, à la centième, je m'interrogerai. Merci de quoi? Mon but, en partant, n'était pas de nature altruiste. Je ne suis pas un gourou. Je n'ai pas de message à délivrer. Pas de lumières à répandre sur le monde. Et voilà que, tout à fait involontairement, j'ai rendu l'espoir à des détenus et à des chômeurs, donné des raisons de vivre à des gens déprimés, ensoleillé l'existence de personnes âgées.

Parmi eux, ce « compagnon de route » :

« Pendant 134 jours, tu m'as filé un sacré coup de main, et à beaucoup de taulards, j'en suis sûr. J'ai chialé quand tu es arrivé. En direct. Ta force, ton humilité m'ont bouleversé. Tu as réalisé des millions de rêves, pour nous handicapés du casier judiciaire. " Nous ne sommes pas des moules ", quand tu as dit ça, j'ai ri. Et rire en prison, c'est rare. Salut. »

Il y aura aussi ce petit commerçant de mon quartier qui, vers la fin de la traversée, ayant reconnu Cornélia, lui dira :

« Vous avez de la chance de me trouver encore ouvert, les affaires ne marchaient pas fort, j'en avais vraiment assez, j'avais l'intention de fermer boutique. Et puis, jour après jour, j'ai suivi à la radio la progression de votre mari, ce qu'il fait est formidable. Savez-vous qu'il m'a redonné du courage ? Je me suis dit : moi aussi je vais y arriver ! J'ai tenu, j'ai repris confiance. Aujourd'hui, j'en suis sûr, je vais m'en sortir. Lui aussi, il va réussir. »

« Tout ça ne sert à rien », m'étais-je répété cent fois au cours de mon aventure. Eh bien, si, « tout ça » a servi à quelque chose. Il a suffi qu'un homme ordinaire, doté d'un physique normal, équipé de moyens simples, s'attaque aux limites de sa résistance, tente de les faire reculer, pour que des milliers de personnes retrouvent espoir et énergie. J'avais réussi, pourquoi pas eux ?

La découverte de ce processus d'identification n'a pas été sans me poser des problèmes de conscience. La prudence est de rigueur en pareil cas. Trop d'expériences sont récupérées de façon illégitime, trop de causes détournées. Mais à la réflexion – cette réflexion que je mène depuis le jour de mon arrivée et que je n'aurai pas trop de dix ans pour mener à son terme, quand chaque coup de rame aura trouvé sa place dans ma tête, quand tout aura été décanté, pesé, approfondi –, en attendant, si j'ai prouvé que l'on peut puiser en soi les ressources nécessaires à son accomplissement personnel, c'est déjà quelque chose.

Le revers de la médaille aurait été, en cas d'échec, un regain de pessimisme pour tous ceux qui me suivent. Mais, si j'en juge par les marques d'intérêt que mon entreprise a suscitées avant même le départ et en tout cas avant son dénouement, je me dis que le simple fait d'oser, même sans réussir, peut avoir des conséquences positives.

7.

Survivre

2 septembre. Encore une journée qui a failli être la dernière. Je m'étais pourtant bien promis, après le chavirement du 3 août, celui où j'avais été surpris à l'extérieur, de tout faire pour éviter une telle situation, mortellement dangereuse. Par très mauvais temps, je devais à tout prix demeurer à l'intérieur, limitant mes sorties aux indispensables manœuvres et réglages de l'ancre flottante.

Mais est-ce la lassitude après une matinée entière bouclé dans la cabine? Le besoin de faire quelque chose? L'appel d'un rayon de soleil? Toujours est-il que je sors dans le cockpit pour prendre des photos avec mon appareil étanche.

La porte de la cabine à peine refermée, arrive une déferlante qui culbute *Sector*.

Sous le choc, je suis un peu sonné; la coque renversée gîte de mon côté; j'essaie vainement de saisir la main courante, trop immergée. A chaque nouvelle déferlante, le bateau qui prend la mer par le travers me retombe dessus. Je vais finir assommé ou noyé. Une seule solution : repasser de l'autre côté; mais, pour ne pas m'accrocher une fois de plus en passant dessous, je dégrafe mon harnais. Désormais, la moindre faute, la moindre prise mal assurée et c'est la fin, car *Sector* dérive à coup sûr plus vite que je ne peux nager. Entre deux vagues, je me faufile sous le cockpit, puis, du bon côté cette fois, je gagne l'arrière sans lâcher la main courante. Comme d'habitude, je me hisse sur la coque en prenant appui sur le gouvernail. J'ai pu récupérer mon appareil photo qui surnageait et dont la lanière est enroulée autour de mon poignet. Tout en me maudissant de m'être fourré dans un pétrin pareil pour un motif aussi futile, je prends, en rampant sur la carène, une photo de la coque retournée. Même si la photo n'est pas fameuse, quel document!

Il me reste à redresser l'engin selon la même méthode que la dernière fois, avec un cordage passé autour. J'ai eu chaud...

Faire des photos dans ces conditions, alors que je risque ma vie, pourra paraître absurde. Je vois, moi, dans cette folie une manière, peut-être, de désamorcer le caractère réellement dramatique de tels instants. Souvent, en plein chavirement, tandis que je me bagarre avec la pompe et les vannes pour redresser le bateau, je me prendrai en photo, l'appareil à bout de bras.

Je suis sûr que, dans ces situations de danger et de tension extrêmes, prendre une photo est un moyen de m'assurer que je crois encore à mon avenir et qu'un jour tout cela ne sera que mauvais souvenirs, un moyen de braver le présent, d'écrire moi-même mon histoire. Et puis, dans le fond, si je prends une photo, n'est-ce pas que tout ne va pas si mal?

Mes rapports avec la vidéo seront très différents. Bien que la petite caméra Sony soit dans un caisson étanche, sa mise en œuvre demande toute une préparation, réservée aux jours de beau temps. Alors qu'une photo peut exprimer une émotion passagère, la caméra impose un « jeu » d'acteur. Ma faible réserve de piles et de cassettes ne me permettant pas de la garder en marche pendant des heures, je dois m'en servir à coup sûr; pas facile alors d'être très naturel quand je me filme moi-même.

Et puis si, au début de la traversée, filmer était un dérivatif bienvenu, rapidement toute heure perdue me semblera insupportable.

3 septembre.

Après-midi de cauchemar avec trois chavirements. Durant l'un d'eux, je casse la partie basse de l'antenne que j'avais gardée à poste, la croyant vraiment indestructible!

Le bateau est en fuite. Je marche très vite. Les déferlantes arrivent en rugissant et le précipitent à 15 ou 20 nœuds. Quand tout va bien, l'avant finit par soulager et la vague passe, mais, parfois, l'avant engage. C'est comme de heurter un mur – choc terrible de l'eau contre la cloison du cockpit et arrêt brutal. Dans la cabine, tout est précipité vers l'avant et, en général, c'est le chavirement.

Chacun d'eux m'apporte son lot de douleur, d'angoisse, d'imprévu. Une fois, la goupille qui retient le cadre de ma couchette a sauté. Entre la toile et la coque sont stockés tous mes vêtements que j'ai dû retenir d'une main pendant que je pompais de l'autre. Une autre fois, c'est mon bloc de polystyrène amarré sur le roof qui a ripé ; dans sa nouvelle position, il s'est opposé au redressement de *Sector*. Je le voyais par un des hublots et je ne pouvais rien faire. Par chance, une vague est survenue qui m'a fait virer de bord.

Ma hantise est d'être éjecté à l'extérieur. Dans cette éventualité, je n'aurais ni le temps ni la possibilité d'envoyer un message. La balise de détresse qui lance des signaux vers un satellite ne servirait alors à rien. A terre, ils ne recevraient plus aucune communication radio. On croirait d'abord à un problème électrique car j'ai prévenu mon entourage que cela pouvait se produire et qu'il ne faudrait pas en déduire le pire tant que je n'aurais pas mis en marche la balise de détresse.

C'est une pensée presque intolérable pour moi que d'imaginer l'attente de ma famille qui, inévitablement, garderait l'espoir, se raccrochant à l'idée que j'ai à bord assez de vivres pour tenir très longtemps. Il n'y a rien de pire qu'une « disparition ». La vision de cette attente nourrie de faux espoirs me ronge.

Je ne me regarde pas le nombril indéfiniment en me posant un tas de questions sur le pourquoi, le comment, et le pourquoi du comment.

J'aurais tendance à dire : « Au lieu de vous demander pourquoi vous le faites, ce que cela peut vous apporter, ou ce que vous auriez perdu à ne pas le faire : faites-le, c'est déjà pas mal ! » Si réponses il doit y avoir, elles viendront. Pour moi, la réflexion naît de l'action. Je ne suis pas de ces philosophes en chambre qui développent une idée en s'appuyant sur des constatations puisées dans la société qui les entoure ou dans les théories de leurs confrères. Non. Il me faut des travaux pratiques, même si je dois redécouvrir l'eau tiède. Toujours ce fichu besoin d'indépendance !

Quand l'action se situe, comme c'est le cas ici, à un niveau aussi exigeant, aucun doute, l'immense satisfaction de l'accomplissement, les dangers, les angoisses, la mort côtoyée sont autant de facteurs qui apportent, à moins d'être une brute, mille sujets de réflexion.

Dans mon cas particulier, avec des journées aux avirons interminables pendant lesquelles ma pensée est libre, l'occasion est trop belle. Pourtant, je le sais, le plus profond de la réflexion ne viendra qu'après, bien après, lorsque mes intuitions se seront frottées à la réalité du retour sur terre.

Ainsi, il ne me serait pas venu à l'idée de me poser, avant le départ, des questions sur ce que cette traversée pourrait apporter à une réflexion sur le sens de la vie. S'il y a quelque chose à découvrir, je le découvrirai peut-être... on verra bien.

Par deux fois au moins, j'aurai eu la possibilité de me laisser aller. Par deux fois, la mort aurait été une facilité. L'épuisement physique, la détresse entretenue par la solitude, la conviction de la vanité de tout futur, les circonstances enfin, qui avaient « préparé le terrain ».

Pourquoi avoir alors lutté avec une telle énergie? Instinct de survie? D'accord, mais l'instinct de survie, c'est quoi?

Angoisse face à la peine et à la détresse des autres, ceux qui attendent? Trop compliqué à cet instant : c'est l'animal qui réagit. Le cerveau est entièrement monopolisé, la seule pensée concerne l'opportunité du geste à faire, là, immédiatement, et sa parfaite exécution.

Alors, c'est quoi?

Après seulement, doucement, j'ai compris que peut-être, tout simplement, je n'étais pas prêt.

Et si la vie était un parcours, et si la mort qui conclut ce parcours était un phénomène naturel au même titre que les saisons... A-t-on vu, sauf accident, un arbre perdre ses feuilles au printemps?

La mort ne serait qu'une étape, mais une étape à prendre *en son temps*, un temps qui pour un individu normal, sauf accident là aussi, vient après soixante ou quatre-vingts ans d'un parcours plus ou moins enrichissant, mais où chacune des étapes a sa place, son rôle : grandir, créer, vieillir, pour ne mentionner que les principales, avec les expériences, les drames et les joies qui les accompagnent.

L'angoisse, par exemple, de mourir avant d'avoir vu ses enfants grandir s'inscrirait alors dans ce processus d'« étape inachevée », pour eux le printemps brisé de leur vie, pour moi l'automne qui ne viendrait pas, bien plus que des considérations d'ordre matériel.

Et, au terme du voyage, celui qui aurait *réussi son parcours* serait sans doute serein, il accepterait sa mort.

Cela induirait-il une intuition de l'après-vie?

Peut-être. Ne comptez pas sur moi pour vous apporter la réponse : j'ai encore du chemin à faire. Je n'en suis, si tout va bien, qu'au milieu de ma traversée-vie...

8.

Typhons

5 septembre.

Bon anniversaire, Gérard!

Je n'ose plus dire « joyeux » car la journée commence bien mal, vent de sud-est fraîchissant, baromètre en baisse, pluie et ciel noir.

Ça promet, encore 24 heures de punition.

Enfin, j'aurai au moins atteint l'âge de quarante-six ans, c'est déjà un résultat; il y a quelques jours, on aurait pu en douter!

A la cape, sur ancre flottante, je vais me consoler en lisant les lettres que ma petite famille m'a confiées pour les ouvrir le jour de mon anniversaire... Je fais un sacré plein de nostalgie, des larmes plein les yeux. Dans ma situation, les mots prennent une résonance toute particulière, tellement plus émouvante qu'elle ne l'eût été en temps ordinaire.

J'ouvre le cadeau d'Ann, un mignon petit savon parfumé en forme de poisson qui embaume mon coffre étanche, et déguste l'album de Tintin que m'a offert Guillaume. *Tintin en Amérique*, tout un programme! Il m'a aussi prêté un *Playboy* avec ordre, écrit sur la couverture, de le lui rendre à mon retour !

Je manque de lecture, toujours le problème du poids qui m'a obligé à des coupes sombres : un livre d'Henry de Monfreid, un autre d'Alphonse Allais, un bouquin d'Edgar Poe, mais je relis pour la troisième fois mon préféré, *La Croisière du cachalot* de Frank Bullen, l'histoire de marins qui naviguaient il y a cent cinquante ans sur les baleiniers. Une existence si misérable que j'en oublie presque mon cas !

7 septembre
4 h 30 : chavirement
6 h 30 : un autre, très violent.

Je me suis salement cogné la tête ; heureusement, j'avais mis mon bonnet de laine. Rude journée en vue avec des creux de 8 mètres...

Entre deux déferlantes, je bondis vers le poste avant pour faire le plein de vivres. D'après le ciel et la météo, je n'ai pas fini de souffrir.

Rencogné dans ma cabine, je m'interroge sur mon avenir, c'est un moyen de m'évader.

Succès ou échec de la traversée : question incessante, lancinante. Et pourtant, je connais la musique. Je sais que, même en cas de succès, il y a une brève période d'exubérance où tout est facile. Mais la vie reprend vite ses droits, avec ses impératifs et ses banalités. Je suis obligé d'envisager aussi l'échec, l'avarie grave sur le bateau ou la blessure. Alors, ça risque d'être dur : tant de souffrances et un tel investissement de soi pour rien... N'en serai-je pas blessé à jamais ? Pas sûr, car j'aurai lutté jusqu'au bout. Mais voilà, dans ce genre d'aventure, c'est tout ou rien.

Quand la vie se résume à un combat pour survivre, gloire ou fortune sont des motivations bien dérisoires. Tout l'or du monde, toute la considération des autres pèsent bien peu face à la question : vais-je m'en sortir ?

Nuit du 7 au 8 septembre. Je dormais profondément, enveloppé dans un ciré pour tenter de garder un peu de chaleur malgré mon sac de couchage trempé. Combinaison de survie et tenue antichoc. Comme j'en avais assez du vacarme alentour, je m'étais muni de boules Quiès pour trouver le sommeil. Résultat, je n'ai rien entendu, rien senti. Le bateau a versé côté couchette, et je me suis réveillé une fois chaviré !

8 septembre *bis*. Je connais deux malheureux aujourd'hui, Guillaume et Ann, car c'est le lundi de la rentrée des classes... Quant à moi, je suis un heureux relatif : je viens de passer la ligne du changement de date, d'où le « bis ». Je vais vivre deux fois cette journée... Comme si une seule ne suffisait pas !

Temps pourri, baromètre en baisse, reprise de la fuite.

Retour aux abris, avec une boule à l'estomac. Le typhon « Ivy » se dirige inexorablement vers le Pacifique Nord.

Je n'étais pas inconscient au point de partir au-devant des typhons qui se forment au-dessus du Pacifique à la fin de l'été et au début de l'automne. Malgré le retard accumulé au Japon, j'avais encore la quasi-certitude que j'éviterais de les prendre de plein fouet. Mais je naviguais tout de même à leur périphérie.

Ces monstres météorologiques ne m'auraient sans doute laissé aucune chance de survie si je m'étais trouvé en plein sur leur route. Je n'ose même pas imaginer l'effet d'un vent cyclonaire de 200 à 300 kilomètres à l'heure sur la mer! Rares sont ceux qui l'ont vécu et qui peuvent en témoigner. Sans donc me trouver dans « l'œil » de ces séismes dépressionnaires, je sentirai passer leur souffle dans mon dos. Je vais vivre des semaines durant avec cette menace venue de loin et qui me poursuivra jusqu'au milieu du Pacifique Nord. « Ivy », bientôt « Luke », puis « Mireille », et « Orchid »... De doux noms qui feront des centaines de morts sur le continent asiatique avant de poursuivre leur route sur l'océan. Certains typhons avortent, mais ceux-là auront gagné assez de puissance pour remonter vers moi, trop loin pour m'écraser, pas assez pour m'épargner la terrible onde de choc qui me projettera en avant, vers l'est.

Les typhons ne me tomberont pas du ciel sans crier gare. Les stations météo traquent le phénomène dès sa gestation. Je les verrai donc venir, j'ai le temps de m'offrir une semaine de suspense, et d'être mis en condition pour le jour J.

« Ivy » avait déjà fait deux cents morts quand je l'ai vu poindre à l'horizon.

11 et 12 septembre. En fin d'après-midi, ciel livide. L'océan se creuse et le vent vire au sud-ouest, force 6 à 7. A deux reprises, je mets le nez dehors pour filmer, et chaque fois l'opération manque de tourner au drame. Je m'insulte. Je dois rester vigilant, même si j'ai besoin de tromper mon angoisse.

Des centaines d'oiseaux en fuite dans le mauvais temps. Ils partent vers le sud. Sentiment de cataclysme. Coucher de soleil blafard.

Et ce sera la nuit d'horreur. Le bateau lancé, projeté, balancé dans tous les sens...

18 heures, chavirement.

23 h 20, deux chavirements, coup sur coup.

1 h 20, chavirement.

La liste serait trop longue...

3 heures, sanci, très brutalement. Je suis précipité sur l'avant. Le bateau fait une culbute et passe à la verticale avant de retomber sur le dos.

Sancir, c'est chavirer par le bout, en looping. *Sector* a été cueilli par une déferlante, je l'ai senti descendre, descendre en accélérant. Subitement, l'avant a piqué, plongé, la mer est venue porter un coup de bélier sur la paroi extérieure de la cabine. *Sector* s'est bloqué net, comme s'il percutait un mur de béton. Le choc a été si brutal, j'ai cru que le hublot allait éclater sous la pression, la paroi exploser... Je suis passé dans la seconde de 40 kilomètres à l'heure à l'arrêt, catapulté contre la cloison. Au même instant, la coque s'est dressée à la verticale, sur la proue, avant de basculer et de retomber à l'envers. Une chute de huit mètres. Trois étages. Même sensation qu'à l'intérieur d'une voiture qui part en tonneaux.

Quelques perforations dans la coque intérieure, porte et roof.
Deux côtes enfoncées, nez tuméfié. Nerveusement à bout. Physiquement épuisé.

Sur l'Atlantique, je ne disposais pas de canot de sauvetage ni même, comme aujourd'hui, de balise de détresse. J'étais totalement sans filet et pourtant jamais je n'y ai connu de frayeur comparable à celle-ci. Le Pacifique est un univers infiniment plus dur. J'avais déjà vécu une expérience dramatique voici une quinzaine d'années, au large de la Bretagne. Je faisais un convoyage de voilier, j'étais avec ma femme, deux autres personnes et notre fils Guillaume, alors âgé de deux mois. Le bateau a coulé de nuit, par un coup de vent violent, nous nous sommes retrouvés dans le canot de sauvetage qui a lui-même sombré. Nous étions en haute mer, en plein mois de novembre... Je me suis vu mourir ce jour-là avec mes proches... Mais je n'ai jamais eu à lutter contre une peur aussi durable, rampante, souterraine, qui m'assaille depuis des semaines.

Cette peur, j'avoue sans honte que je la connais bien. Elle m'accompagne comme une ombre, toujours présente, latente aux heures de répit, menant un long travail de sape, se tenant à l'affût des moments difficiles, prête à prendre le pouvoir à la moindre défaillance.
Si la peur est inévitable, elle n'en est pas moins ignoble. Dégradante. Elle ne loge pas, comme les

autres sentiments, dans la tête ou dans le cœur, elle s'installe dans le ventre.

L'affronter et la dominer procurent d'immenses satisfactions. C'est la plus grande victoire, celle de l'esprit sur l'animal. Refus illusoire de notre condition d'humain? Peut-être. Péché d'orgueil ou fierté légitime? A chacun d'en juger.

Le risque n'est pas une fin en soi. Faire le zouave accroché à la queue d'un avion, se jeter à l'intérieur d'un tonneau dans les chutes du Niagara, non merci. En revanche, le risque est pour moi le sel de l'existence. Il accompagne et flatte mon penchant pour les solutions audacieuses, le panache, l'acte « héroïque » et gratuit. Je le considère non comme un frein, mais comme un des ingrédients indispensables pour donner à la victoire sa valeur et sa saveur.

On parle souvent de risque calculé. Je ne sais pas trop ce que l'expression recouvre. Si le calcul consiste à anéantir le risque sous un luxe de précautions, il n'en reste rien. Par contre, une appréciation lucide du danger, une solide expérience, une bonne préparation et un matériel adapté permettent de miser plus gros, de mettre la barre plus haut, de repousser ses limites.

J'ai toujours éprouvé un énorme besoin de liberté individuelle. Les autres pensent parfois que je me désintéresse d'eux parce que je leur accorde ce que je veux qu'on m'accorde à moi-même, c'est-à-dire un respect – peut-être exagéré dans mon cas – de la vie privée, des pensées et des sentiments. Je n'entre pas dans la vie des gens à moins d'y être invité. Pourquoi devrais-je leur demander tous les matins des nouvelles de leur chat ou de leur cactus? J'entends pareillement qu'on me laisse aller et venir à ma guise dans mon jardin. Ce désir d'indépendance et d'autonomie, que j'avoue pousser assez loin, ne correspond pas à certaines valeurs omniprésentes dans nos sociétés civilisées à outrance : sécurité sociale, assurances, mutuelles, règlements divers. Je comprends évidemment qu'un automobiliste soit assuré et respecte un code, mais la multiplication des règles finit par être un peu sclérosante.

Quand je dis que j'aime mon libre arbitre pardessus tout, j'accepte en contrepartie d'être responsable de moi-même à cent pour cent. Cette traversée du Pacifique Nord, c'est à mes yeux la responsabilité suprême car, en mettant ma vie dans la balance, j'ai tout mis.

La vraie responsabilité, le véritable exercice de la liberté, c'est de savoir qu'en cas d'échec je m'expose à la sanction suprême, la mort. Cela suffit à me faire sentir le poids des choses. Et tout le reste est littérature.

J'ai choisi le terrain de la confrontation avec l'océan, avec une nature qui représente la réalité la plus âpre, la plus exigeante, pour lui opposer des valeurs humaines, celles de l'intelligence, de l'expérience, de l'acharnement.

9.

Marqué au burin

13 septembre.

C'est vendredi! Goulue, je ne t'oublie pas, tu peux choisir ton restaurant, je t'y emmène dès mon retour...

Un jour, Ann, née un vendredi 13, est rentrée en larmes de l'école. On lui avait dit que le vendredi 13 portait malheur! Pour lui prouver le contraire, à chacune de ces dates prétendument fatidiques, je l'invite au restaurant, la coutume étant que ma fille choisisse l'établissement. Au début, je ne prenais pas trop de risques, *La Goulue* avait la folie des hamburgers. Mais elle a vite compris, maintenant elle me parle de La Tour d'Argent! Une croisade contre la superstition qui finira par me coûter cher!

A propos de superstition, ma bouilloire occupe un endroit très précis, sur la tablette de ma cuisine, avec un sandow pour la retenir en cas de chavirement. Lorsque je la remets en place, souvent l'anse cogne le rebord de la tablette en émettant un son, comme une note de diapason, que je m'empresse aussitôt d'interrompre du doigt par un curieux réflexe que je tiens de ma mère. En effet, à table, chaque fois qu'elle fait tinter un plat ou un récipient métallique, elle se hâte d'interrompre le bruit en murmurant : « Un marin qui se noie. » Je suppose que, pour elle, ledit marin se serait noyé sans son intervention... Ainsi, au fil des ans, a-t-elle sauvé d'une mort certaine au moins l'équipage d'un porte-avions.

Je ne suis pas superstitieux mais... sait-on jamais? Il existe bien, au Lloyd's de Londres, une cloche qui sonne les naufrages! Et puis, que voulez-vous, dans ma situation, on n'est jamais trop prudent.

J'ai découvert que mes panneaux solaires, sans doute trop longtemps immergés lors des chavirements, ne donnaient plus rien. Une catastrophe. Moralement, c'est un véritable désastre de perdre tout contact avec l'extérieur. Et FK8CR qui m'annonce un autre typhon!

Je connais un moment de répit que j'utilise à réparer les capteurs. Normalement, c'est sans remède. Les contacts sont pourris, rongés par l'humidité. Mais je n'ai pas le choix. J'attaque à bâbord, le panneau le moins bien exposé, démonte tout, bricole des raccords avec du fil de cuivre et, faute de produits d'étanchéité, je noie le tout dans de l'*epoxy*, une colle qui met des heures à sécher. Pour accélérer le temps de séchage, je prépare ma potion dans une cuiller que je réchauffe au-dessus du brûleur du camping-gaz, avant de me précipiter dehors. Je fais ainsi plusieurs navettes, recouvrant ma réparation avec le produit qui se solidifie sous forme de croûte jaunâtre. Pauvre Bernard qui a mis tant de soins à construire *Sector*, à en poncer la coque, que voilà balafrée, maculée de glu! Mais mon acharnement a payé. Les panneaux solaires, opérés les uns après les autres, vont enfin sortir de leur état de coma. Et charger à cent pour cent!

14 septembre.

8 heures, chavirement en douceur. Encore une journée ridicule à reculer par vent contraire.

Toutes les deux ou trois heures, j'ouvre pour avoir de l'air. Ce matin, ça faisait bien cinq heures que j'étais confiné dans une atmosphère devenue irrespirable. Même mon briquet refusait de s'allumer. Je me demande combien de temps on peut tenir ainsi. J'espère qu'avant de perdre conscience on se réveille. Que c'est bon quand j'ouvre, surtout après un de mes roulés-boulés! Je suis comme un assoiffé qui n'aurait pas bu pendant des jours et qui, tout d'un coup, serait plongé dans un lac d'eau bien pure. J'en prends à pleins poumons, presque grisé.

J'ai fait le compte des chavirements. Guère encourageant.

J'en suis à 19 et, surtout, progression dramatique :

1 en juillet, 4 en août, déjà 14 en septembre, une moyenne de 1 par jour! Combien de temps vais-je tenir le coup? Car il n'y a pas d'accoutumance, au contraire : c'est une superposition de charges nerveuses. J'en sortirai marqué de toute façon.

Avant de partir, plus ou moins consciemment, je me suis mis en condition, comme un boxeur avant le combat. Mais pas pour faire des déclarations fracassantes, pas pour traiter mon adversaire de minable, pas pour jurer de le pulvériser... Le Pacifique, je n'allais pas l'éclabousser.

Je suis un boxeur qui ne pourrait pas répliquer parce qu'il n'a plus de force. Donc il doit attendre, se protéger en levant sa garde, se montrer défensif, esquiver... Pour avancer, je dois lutter contre moi-même. Pour le reste, je suis obligé de passer à travers les coups et, quand je ne peux plus les éviter, il me faut les encaisser. Autres handicaps : la solitude et la durée. Avec ces données-là, les dés sont pipés.

21 septembre. Passage du typhon « Luke ». En faisant le point, au sextant, par la porte de la cabine, j'ai failli me faire cueillir par une déferlante. Chavirer avec la porte ouverte serait dramatique.

Prudence, bon Dieu! me rappelle mon carnet de bord.

Par mauvais temps, c'est-à-dire de plus en plus souvent, le moindre de mes gestes doit être réfléchi à l'avance, décomposé, et obéir à des règles strictes. Partant du principe que je peux chavirer à tout moment, je sais qu'alors je n'aurai le temps de n'accomplir qu'un geste, et encore avec de la chance. Pour me préparer par exemple une ration lyophilisée, je dois, avant d'allumer le réchaud, fermer le hublot. Ensuite, je garde la main sur le bouton du gaz pendant que l'eau chauffe, prêt à éteindre la flamme à la moindre alerte. Dès que l'eau bout, rangement du réchaud, brève aération car la cabine est complètement embuée, puis retour à la bouilloire dont le contenu brûlant est un danger redoutable.

Faire un café peut me prendre un quart d'heure...

Je suis devenu un maniaque de l'ordre. Tout est si bien rangé que je pourrais vivre dans la cabine les yeux fermés. Inlassablement, je passe l'éponge sous le roof pour ramasser la condensation, ou bien au fond du bateau pour tenter de réduire la flaque d'eau qui se reforme inévitablement, rendant la vie à l'intérieur un peu plus insupportable.

Aujourd'hui, Christophe m'apprend par radio l'abandon de Frédéric Guérin, hélitreuillé au large de l'Irlande. Il s'était attaqué au temps de ma traversée de l'Atlantique à la rame. Parti pour un record, il a dû perdre sa motivation quand son retard s'est creusé. Il a joué de malchance, peut-être a-t-il raté l'amorce du Gulf Stream? Il est vrai qu'en 1980 j'avais bénéficié d'une année fertile en dépressions.

Sa radio était en panne quand il a craqué...

Cette nouvelle me porte un coup au moral. Je le suivais de loin. Ce soir, je me sens un peu plus seul.

22 septembre. Je ne suis qu'à mi-chemin de ma traversée. Longtemps, ce fut le jalon attendu comme un événement merveilleux; maintenant que j'y suis, j'ai l'impression d'être là depuis une vie entière et la

perspective d'en supporter encore autant me paraît au-dessus de mes forces.

A partir d'aujourd'hui, sur le petit calendrier de la dernière page de mon journal de bord, chaque matin je vais barrer non seulement le jour présent mais je vais aussi noircir rageusement les jours passés, à rebours, dans une curieuse tentative de les annuler, de les oublier définitivement, de faire qu'ils n'aient jamais existé.

Je ne peux m'empêcher de faire des pronostics sur la date d'arrivée. Si la seconde moitié de la traversée se déroule à la vitesse de la première, j'atteindrai les côtes américaines le 5 décembre... Mais, si je ne tiens pas compte de mes quatorze jours de surplace en août, cela donne le 21 novembre... J'essaie d'y croire, mais tout cela me semble si loin. Et puis octobre et novembre sont des mois tellement plus durs que juillet et août. Tiendrai-je ?

En attendant, je rame, je rame...

23 septembre. Je parviens à établir un premier contact avec une station de radio-communication américaine, KMI. Je tentais de les joindre depuis des semaines, et c'est une très bonne nouvelle. Enfin un signe tangible de ma progression, enfin, surtout, la possibilité d'avoir ma famille directement au téléphone ! Mais voilà : le technicien me répond que, pour passer mon appel, je dois avoir été préalablement inscrit, avoir un compte chez eux, etc. Comment veut-il que je fasse, d'ici ? A tenter d'expliquer mon cas, je perds de précieux ampères-heures.

J'insiste, je fulmine, il est *sorry, really sorry*... La déception est telle que j'en pleure. J'en veux à la terre entière. Que fait Christophe depuis Paris?

Heureusement, il y a encore le contact avec Eddy qui me permettra de passer la consigne... Eddy, je ne l'ai jamais rencontré, et pourtant sa voix m'est aussi familière que celle de mes proches. Je la guette sur les ondes et la reconnais instantanément même quand la ligne est brouillée, presque inaudible.

Au hasard de nos conversations, je découvre peu à peu sa vie, me construit une image de lui, de son entourage et de sa personnalité. Je me rends compte qu'il consacre maintenant beaucoup plus que ses loisirs à la collecte d'informations météo et à nos liaisons qui tombent souvent à des heures impossibles pour lui.

Le fait même de l'entendre est devenu pour moi encore plus précieux que les informations qu'il me communique. J'essaie de le lui dire, mais je m'embrouille dans les mots...

26 septembre, deux chavirements. Toujours le même scénario, mais de plus en plus violent.

Je commence à faire des cauchemars. La nuit dernière, c'était la paroi du cockpit qui s'était fissurée. C'est ma terreur car cette coque ne conserve sa rigidité que par les deux fines couches de carbone qui prennent la mousse en étau. A la première fissure, ce matériau composite deviendrait fragile comme une coquille d'œuf fêlée.

Dorénavant, je dors avec ma balise de détresse

sous la tête, dans la couchette, redoutant de me réveiller dans une cabine pleine d'eau et le bateau brisé. Cette balise a d'ailleurs cheminé en cours de traversée d'un caisson à l'autre, de plus en plus accessible, avant de finir comme un oreiller, à portée immédiate de ma main... Réflexe de défense, mais la protection est assez illusoire. Que ferais-je avec une balise, cramponné à un bateau brisé? Le temps qu'un navire se déroute pour me venir en aide, j'aurais déjà fait mon trou dans l'eau...

27 septembre. « Mireille » est en route vers l'est, au nord de ma position.

Houle énorme d'ouest. Pourtant, le typhon passe à 1 000 kilomètres! Mais cela a dû bastonner épouvantablement là-haut. J'ai des vagues très longues, de 10 mètres de haut, de grandes collines mouvantes, signe d'une tempête lointaine, très forte.

Depuis quelques jours, les oiseaux m'intriguaient. Fini leur vol irrégulier, d'une direction à l'autre. Tous semblaient se diriger plus ou moins vers le sud. Phénomène imperceptible au début, aujourd'hui beaucoup plus marqué.

D'abord, j'ai cru qu'ils fuyaient le mauvais temps, mais maintenant je dois me rendre à l'évidence : c'est de migration qu'il s'agit. Par centaines, je les vois descendre vers les alizés, fuir ces latitudes qui vont devenir infernales.

Le ciel se vide de mes derniers compagnons. Un ciel sombre, des jours courts. L'été n'est plus.

2 octobre. Je m'approche du 160° de longitude Est et mon arrivée est à 140°. Prochain objectif : le 155° 30', j'aurai accompli deux tiers de la traversée, un seuil très attendu.

J'essaie de me défendre du froid la nuit. Je dors tout habillé, en ciré, à l'intérieur d'un sac de couchage trempé. Au bout d'un moment, mon corps se réchauffe à l'exception des pieds, toujours gelés. Les fins de nuit surtout sont très éprouvantes. Quand bien même le temps le permettrait, impossible de dormir.

3 octobre. Vers 8 heures pris la cape et chaviré, hublot ouvert.

Par miracle, j'ai pu fermer immédiatement : j'avais la main dessus. Faisant corps avec *Sector* depuis si longtemps, j'ai fini par acquérir un sixième sens, j'appréhende exactement ce que sera la seconde suivante.

Dieu que ces semaines sont longues et pénibles à passer ! La lune est revenue et j'en profite pour ramer la nuit. Les jours sont si courts... Le corps travaille, un travail monotone, banal, stupide. L'esprit l'a quitté. On n'a plus besoin de lui. Il se balade...

C'est fou comme je regrette ces jours à terre que je n'aurai pas connus. Il y a eu le printemps dont je n'ai rien vu, obsédé que j'étais par la préparation du bateau. J'aurais dû faire le plein de visions de bourgeons, de petites feuilles vert tendre. Il y a eu l'été, que cette traversée m'a volé, sûrement le plus bel été depuis qu'il y a des étés, chant de grillons, parfum d'herbe chaude – cet écrasement de la nature qui fait la sieste. Il y a maintenant l'automne, petites brumes qui déjà se posent sur les étangs, senteurs de pommes et de feu de bois.

Je suis affamé de goûts, de couleurs et d'odeurs. D'odeurs, surtout, qui évoquent, mieux que toute autre réminiscence, la présence d'un lieu. En ramant, je fredonne la chanson de Dutronc : « C'était un petit jardin, qui sentait bon le métropolitain... » Oui, même l'odeur de Paris, ce remugle de poussière électrique qui flotte sur le quai du métro. D'autres plus anciennes me reviennent en mémoire, celle du *Lady Maud*, mélange d'étoupe, de goudron, de vernis...

Ce matin, pas eu l'estomac de prendre mon petit déjeuner. Lassitude complète. Je rêve d'un café croissant à la terrasse d'un bistrot paisible et ensoleillé. Je me vois assis devant un journal, sous le soleil, à regarder les passants. Tout ce que je n'ai jamais le temps de faire dans la vie mais qui me paraît soudain le comble du bonheur. De savoir que cette terrasse existe, qu'elle m'attend, même si c'est une possibilité que je ne saisirai jamais, même si c'est un mirage, suffit à me rendre heureux.

Je me dis qu'à mon retour prochain j'en profiterai à pleins poumons, à pleines pupilles et papilles, tout goûter, ne négliger aucun plaisir visuel, olfactif, sonore; j'en fais même la liste dans ma tête!

Envie d'aller dans un village, bien à l'intérieur des

terres, un endroit d'où l'on ne voit pas la mer, où les habitants ne savent même pas qu'elle existe. Je me garderais bien de leur en parler!

Un message de mon frère Norbert me montre à quel point mes proches, pour me réconforter autant que pour se rassurer, se trompent sur mes sentiments. Petite entorse à ma réserve habituelle, d'un long télex je mets les choses au point :

« *DABOVIL 631234F*
« *SINGAPORE TELECOM*
« *RÉFÉRENCE NO : 081083*

« *Merci faire suivre à Norbert qui voudrait bien*
« *que j'aie un peu de plaisir...*

« *Texte :*
« *Mon vieux Norbert,*
« *C'était hier matin, une fin de nuit parfaite.*
« *Grand beau temps, lune encore presque pleine,*
« *ciel limpide, les quelques étoiles qui résistaient*
« *à la clarté lunaire comme des diamants. Petite*
« *brise de l'arrière qui faisait que le bateau*
« *avançait bien, sans effort, j'en oubliais le*
« *mouvement des avirons.*
« *Je pensais à ton message, dans lequel tu me*
« *demandais en gros si parfois je prenais mon*
« *pied. N'était-ce pas l'occasion?*

« *Eh bien, non. Au risque de te décevoir, même*
« *dans de tels moments, je ne prends pas mon*
« *pied. C'est que chaque minute, chaque seconde,*
« *je ne pense qu'au but. Je mesure avec trop de*
« *lucidité les aléas qui m'en séparent, les*

« obstacles qui peuvent réduire à néant un aussi « formidable investissement de moi-même.
« Car je suis marqué, Norbert, marqué au burin « par ce que j'ai déjà subi. On dit qu'avec le « temps les souvenirs les plus pénibles devien- « nent des bons souvenirs. Ceux-là, rien ne les « changera, horribles ils resteront.
« Jamais je n'oublierai ces chavirements, celui « surtout où le bateau à sanci, où, boule de nerfs « à vif, précipité contre la cloison, j'ai vécu le « choc final qui allait tout exploser, le hurlement « de bête que j'ai alors poussé. Jamais non plus je « n'oublierai ces luttes pour la vie, les forces qui « s'épuisent et le goût de l'eau de mer dans les « poumons. Le goût de la mort. Et tout cela seul, « seul, seul.

« Alors, pour essayer d'apprécier quelques « instants comme cette nuit-là, Je dois « m'échapper, fuir ce bateau, cette traversée, cet « océan. J'essaie de me dire que je suis ailleurs, « que je marche dans le désert, sans but, surtout « sans but, ou encore que je suis à la barre d'un « autre bateau, sur une autre mer...
« Mais l'illusion est brève, et gare à la contre- « partie, cet apitoiement sur moi-même qui serait « mon pire ennemi si je le laissais s'installer.
« Alors j'utilise le procédé avec parcimonie.

« Alors tu penses qu'il y a l'arrivée?
« Ah, cette arrivée, tellement espérée, tellement « attendue. Oui, la joie sera à la mesure de cette « attente, mais aussi quelle terrible sensation de « " déjà passé ". Tu voudrais faire durer ton « bonheur, en garder un peu pour demain, rien à « faire, c'est la liqueur du bonheur absolu mais « tu n'en as qu'une petite goutte, à effet immé- « diat. Tu vis ce bonheur en sachant que, par le « fait de le vivre, il est déjà vécu, passé, et

« chacune de ces merveilleuses secondes n'est « déjà plus qu'un souvenir, comme s'il n'y avait « pas de présent entre le futur de l'attente infinie « que je vis maintenant et jusqu'à cette arrivée, « et le passé que sera le reste de mes jours, après « l'arrivée...
« Et tu es là, regardant la foule. Ils croient que ça « commence? Pour toi c'est fini.

« Alors il y a après?
« Après, le tourbillon, une parcelle de gloriole « vite recouverte (les clowns se suivent de près), « une relative aisance matérielle. Vanité et « intérêt, ces plaisirs-là sont bas, il y rentre « inévitablement du calcul.
« Parlons juste de satisfactions.

« Alors quoi?
« Rien, c'est la vie... Et pourvu que ça dure

« GÉRARD, À BORD DE SECTOR
« LATITUDE 41 DEGRÉS – 18 MINUTES NORD
« LONGITUDE 159 DEGRÉS – 31 MINUTES « OUEST »

6 octobre.

Dans la nuit, le vent vire brutalement à l'ouest, mer défoncée. Gerbes d'écume de part et d'autre du cockpit.

Chavirement d'un genre nouveau, tonneau complet. Je m'écrase au plafond et retombe sur ma couchette.

10.

« Vous voyez la côte ? »

9 octobre. Par KMI, la station de radio américaine qui m'a finalement ouvert ses ondes, j'ai pu téléphoner à ma famille. Quel bonheur, ces communications ! Après, ma journée aux avirons passe tellement plus vite, plein de petites choses à retourner dans ma tête. Et ces lettres lues et relues, pour tenter de croire que les « proches » sont un peu moins lointains. Se forcer à imaginer : quelle heure est-il pour eux ? Que font-ils ? Quel temps ont-ils là-bas ?

Beau temps, avec 15 nœuds de vent d'ouest, avirons moyens, froid. Obsédé par l'objectif des 3/4. A chaque étape, l'impression que tout reste à faire.

Dans la soirée, un navire me double, c'est la ligne San Bernardino-Los Angeles. Dommage, pas de contact. Une bouteille de scotch jetée par l'arrière ne serait pas malvenue !

12 octobre. Hier soir, au coucher de soleil, le ciel avait une couleur de laiton poli.

Chaviré à 5 heures, « comme d'habitude », et

encore vers 6 heures. Grande violence. Mal à la main. Contusions.

14 octobre. Une des petites joies de cette traversée : hier j'ai réparé, par radio, un robinet qui fuyait dans notre appartement parisien ! Cornélia était au bout du fil, et je lui indiquais les gestes à faire, les outils à prendre... Avec ce travail de plomberie, j'avais enfin le sentiment d'être en prise avec la vie réelle.

Mon esprit se contente de peu. Toute la journée, pour échapper à ma condition de galérien, je me suis imaginé la scène en jubilant.

15 octobre. Je m'octroie une grasse matinée, pour essayer de faire passer le temps plus vite, en mon absence... Par moments, une petite déferlante me tire de ma torpeur. Après quelques heures sur cette couchette, avec le bateau jeté en tous sens, on est encore plus fatigué qu'avant. Alors que je m'extrais du sac de couchage, quelque chose dans le bruit d'une déferlante ne me plaît pas et je me jette sur le hublot pour le fermer. Heureuse prémonition – chavirement ! Réflexes, gestes bien rodés, le sac de couchage dans sa housse étanche, les vannes, la pompe. Mais tout est mouillé, duvet, vêtements...

Je mesure mon usure physique en constatant ce matin que pour faire un litre d'eau douce avec la pompe à dessaler, il me faut maintenant près de vingt minutes – contre douze au début de la traversée.

Et pourtant, aujourd'hui je vais pour la première fois sacrifier cinq litres d'eau pour rincer mes sacs de couchage tellement imprégnés de sel qu'ils ne sèchent plus jamais. Je les ai d'ailleurs baptisés « la Serpillière » et « le Marais salant ».

Un peu de soleil viendra à point nommé pour sécher ma lessive étendue dans le cockpit. Quel délice ce sera de me coucher dans du sec et sans ciré ! Pour bien mériter ce plaisir et parce qu'il fait beau, je me fais une petite nocturne aux avirons...

Les nuits sont désormais aussi longues que les jours. Combien de temps encore? Je donnerais gros pour le savoir.

Le Salon nautique de Paris débute dans cinquante jours. Je voudrais arriver à temps, pour pouvoir y exposer *Sector.*

Pour m'évader du présent et de l'obsession de la survie, je me fixe des objectifs aussi concrets que possible : j'imagine le stand, les gens, les bateaux. Et pourquoi ne pas exposer aussi le petit *Capitaine-Cook*? Il faudra que j'en parle à Christophe.

17 octobre. Page 100 du carnet de bord pour le centième jour. J'ai ramé jusqu'à l'aube, la nuit était superbe.

Je commence à me lasser de la nourriture lyophilisée. Pas assez de douceurs à bord. J'aurais dû prendre plus de chocolat, de whisky...

18 octobre. A l'aube vent de sud! Grosse houle et clapot violent. Route laborieuse au nord-est. Cap sur Vancouver ou... Anchorage! Si ça continue, je vais finir en Alaska. Harassant. Trempé jusqu'au cul. J'arrête écœuré et épuisé. Mal partout. J'ai fait une dizaine de milles. Moral au plus bas.

Contrairement à ce que certains peuvent penser, une telle traversée n'a rien de masochiste. Le masochisme, c'est se faire mal pour le plaisir. Moi je passe par une situation difficile pour accéder après coup à mon plaisir. Il est vrai que plus les périls seront nombreux, plus ma satisfaction sera grande. J'aurai vaincu une montagne, gagné ma propre estime. Mais la douleur pour la douleur, vraiment, non.

Nous avons tous le désir d'accomplir quelque chose de difficile, quelque chose qui force notre propre admiration. Aucune tendance suicidaire n'entre là en jeu. Si j'avais eu la moindre envie d'en finir, je serais mort, l'occasion aurait été trop belle... C'est plutôt la rage de survivre qui est ici à l'œuvre. Durant cette traversée, je suis dix fois, cent fois, mille fois plus acharné à vivre que je ne le serais dans la vie courante, parce que je veux atteindre mon but.

Je ne me suis pas conditionné par des techniques d'autosuggestion. Je me suis programmé seul, tendu depuis des mois, depuis le début du projet, vers un seul but : arriver, arriver.

J'y mets aussi de la pugnacité. Pas de l'agressivité,

le mot me paraît un peu déplacé. C'est bien de pugnacité qu'il s'agit. D'esprit combatif. Sinon, impossible d'aller jusqu'au bout.

Complètement démoralisé. Je commence à avoir très sérieusement le sentiment de l'échec. Je devrais avoir dépression sur dépression m'apportant des vents d'ouest, mais rien de tout cela. Et Eddy ne voit rien venir.

L'hiver n'est pas loin, le froid permanent. Comme je suis dans des hautes pressions, la brume me poursuit et les panneaux solaires ne chargent plus. Le télex est définitivement hors service.

Ce soir, pour achever de me narguer, le ciel se dégage sur une lune presque pleine, juste quand le soleil est trop bas pour exciter mes capteurs.

22 octobre. Le vent tombe, je rame sous la pleine lune. J'aime sa compagnie, je préfère cet astre qu'on peut contempler au soleil qui aveugle. Par nuit très claire, j'ai l'impression de tailler plus vite ma route.

27 octobre. Je passe la ligne des derniers mille milles. Léger vent de sud-ouest, et je trotte allégrement sur le 44e parallèle, grignotant un petit degré par jour. Douze jours sans chavirer, un exploit ! L'obsession de l'arrivée devient terrible et me réveille la nuit. J'envoie à Christophe ma « fourchette » : ce sera entre le 21 novembre et le 1er décembre. Le 21, c'est dans à peine plus de 3 semaines !

28 octobre.
Halo autour de la lune, mauvais signe...

29 octobre. Étrange comme depuis quelque temps j'ai développé un sens prémonitoire aigu. Un don de double vue. Peut-être est-ce simplement parce que j'ai le temps de la réflexion et de l'analyse ? Ou bien mon esprit serait-il plus disponible ? Débarrassé des contraintes de la vie habituelle, aurait-il élargi son champ d'action et de perception ?

Parfois je pense à un ami dont je n'avais aucune nouvelle depuis des années, je ne suis pas surpris quand Christophe me dit qu'il vient d'appeler au bureau. Le plus étonnant est que le phénomène me paraît absolument banal et naturel.

Ce matin, en tout cas, je m'attends à une rencontre. Non seulement j'ai l'intuition que je vais croiser un navire, mais je suis sûr que cette rencontre sera particulière. J'en suis tellement persuadé que, lorsqu'un cargo se profile à l'horizon, caméra, appareil photo, radio VHF sont déjà à portée de main et le drapeau français flotte à l'antenne radio !

C'est un cargo russe, le *Pskov* de Vladivostok en route pour Vancouver. Contre toute probabilité, mais conformément à mon intuition, il stoppe tandis que je me range le long du bord.

– Que faites-vous là? me demande le capitaine.
– Je vais aux États-Unis...
– Nous aussi, montez !

Persuadés que je vais me précipiter à bord, ils ont déjà déroulé une échelle de corde. Ils sont sidérés de mon refus ; pour eux je suis un extraterrestre.

Les marins me prennent en photo. A leur arrivée à Vancouver, ils auront la surprise d'être attendus par un comité d'accueil : Christophe, que j'aurai eu le temps de prévenir par radio, aura bien fait les choses. La photo de mon petit bateau, vite expédiée en France, fera la couverture de l'hebdomadaire *VSD* quelques jours avant ma propre arrivée.

Autre événement heureux : je viens d'atteindre mon dernier fuseau horaire et je me suis mis à l'heure américaine.

31 octobre.

La malchance s'installe. Hier, perdu la grande ancre flottante, cordage usé par son émerillon.

Grave, très grave. Je ne dispose plus du moyen le plus efficace pour tenir tête aux tempêtes du sud, et je risque d'être entraîné, inexorablement, vers le nord.

Sauf hasard de la météo, j'ai maintenant très peu de chances d'aborder le continent américain à San Francisco. Or, plus au nord, la côte est très inhospitalière et la mer souvent démontée en cette saison.

Je m'alimente avec de moins en moins d'appétit. Je me contente d'un plat par jour. La lassitude que j'éprouve devant la nourriture lyophilisée se fait d'autant plus sentir que je ne peux m'empêcher d'imaginer pour bientôt des steaks juteux et des salades bien vertes. Je sens que j'ai maigri, mais je porte tellement d'épaisseurs de vêtements que je n'en jurerais pas. Je pense avoir perdu 7 à 8 kilos, comme sur l'Atlantique. En fait, j'en aurai perdu 17.

Une pluie d'étoiles filantes a rayé le ciel, l'une d'elle illuminant la nuit comme un éclair.

1er novembre.

Toujours ce vent de sud. Nuit infernale, toutes les deux ou trois heures l'arrière cognant l'eau dans un bruit de canon. Temps sinistre, pluie, vacarme...

J'écris dans ma prison, ballotté par la tempête, éclairé à la bougie car je n'ai plus d'électricité. L'hiver est là et j'ai envie de tout plaquer. La pensée de tous ceux qui souhaitent me voir réussir m'aide à tenir.

3 novembre.

Plus de gnôle, une eau-de-vie « maison » que m'a donnée mon père. J'en suis réduit à essayer l'alcool à 70° de ma pharmacie. J'avais besoin d'un petit remontant, je l'ai mis dans mon café, c'est franchement imbuvable mais tant pis.

Si un alcoolique est quelqu'un qui boit beaucoup d'alcool, alors je n'en suis pas un. Mais je commence tout de même à me poser la question. Parmi mes attentes, mes obsessions même, viennent en seconde position, juste derrière l'arrivée, un bon vin dans un vrai verre, un gin-tonic, un scotch, un Martini... surtout le bon vin. Et si, alcoolique sans le savoir, je me suis engagé à la légère dans cette aventure (il ne me reste qu'un cubitainer de 5 litres de vin que je n'ose pas ouvrir), le temps qui passe et cette cure d'abstinence forcée auraient dû faire leur effet. Eh bien, c'est le contraire! Plus ça dure, plus j'en rêve. J'en conclus que je suis incurable! Et de me remémorer avec une précision diabolique tel petit verre bu ici ou là. Mes souvenirs éthyliques ne m'épargnent rien, tout me revient. Cette bière à 10 ou 12° que nous brassions à bord dans le port de Falmouth avec des moyens de fortune, cette divine bouteille de bordeaux que nous avait donnée un ancien propriétaire du *Lady Maud*, un milliardaire anglais rencontré au hasard d'une escale, et que nous avons bue à Bénodet en décembre 1972; ce bourgogne bon à s'y noyer, dégusté à Beaune en 1981, et aussi ce whisky soda servi sur le pont du *Lady Maud* dans la baie de Bantry il y a vingt ans, et encore cette bière brune savourée à la terrasse d'un bistrot, place de l'École-Militaire... Je revois tout, forme du verre, température du liquide, buée éventuelle, couleur, reflet, ambiance et goût bien sûr. Ma mémoire me transporte jusqu'à mes toutes premières découvertes alors que, gamin dans le grand salon de Kérantré, je sirotais en cachette des petites rasades de Cointreau ou de Bénédictine, en cachette mais en présence de tableaux d'ancêtres qui tous braquaient sur moi un regard sévère et réprobateur. Parmi eux, le général n'avait pas l'air d'apprécier. Un jour, ayant un peu forcé sur la liqueur de cassis maison, orgueil de ma grand-mère, je m'étais légèrement assoupi dans un des fauteuils, et j'avais entendu sa voix derrière moi qui grommelait: « Garnement, alcoolique tu finiras. »

4 novembre.

Saute de vent, mer défoncée.

Ce matin, je m'aperçois en parlant avec Christophe que nous sommes complètement déphasés. Il est question de places d'avion qu'il doit réserver d'urgence pour que tous puissent assister à une arrivée qui me paraît, à moi, si lointaine. Le temps de Christophe passe « à la parisienne » tandis que le mien n'est que lenteur et persévérance. Pour tout arranger, il me demande où et quand je vais accoster. Je m'énerve sans penser que trente ou quarante billets d'avion ne se trouvent pas du jour au lendemain. Mais que lui dire? Je sais maintenant qu'une arrivée à San Francisco est décidément peu probable et je m'attends à une fin de parcours pénible.

Je m'acharnais à maintenir le cap sur la Californie parce que j'en avais fait un objectif, alors que le but de la traversée est de rejoindre l'Amérique du Nord. Je suis à 500 milles de Vancouver Island et à 800 milles de San Francisco. Il serait ridicule de s'accrocher à un objectif secondaire de plus en plus inaccessible, surtout depuis la perte de la grande ancre flottante. Le problème est que je m'approche d'une côte abrupte, une des plus dangereuses du monde, où les ports sont rares et généralement défendus par une barre infranchissable par mauvais temps. La question essentielle sera davantage de sauver *Sector* – et moi – que d'organiser une belle cérémonie.

La nuit dure maintenant quatorze heures, et pourtant je dors de moins en moins, tenaillé par l'obsession de l'arrivée.

7 novembre. Tout devient prétexte à de petits comptes ou calculs en rapport avec l'arrivée. Il me reste dix-sept cigarettes, j'en fume une par jour en espérant qu'il y en aura jusqu'au bout; je sors une

recharge de gaz en me disant que j'en sortirai encore une ou deux mais pas plus. Mais j'essaie de ne pas me mettre à compter les coups d'avirons, ça deviendrait une vraie torture.

Souvenirs, souvenirs... En septembre 1980, dans le train qui l'amène à Brest pour assister à mon arrivée de l'Atlantique, un de mes amis dit au journaliste qui voyage à ses côtés :

« Il paraît que ses mains ont doublé de volume, je viens de l'entendre à la radio. »

Et la presse le lendemain de diffuser cette information capitale : « Ses mains ont doublé de volume. »

Évidemment, à peine débarqué, tout le monde se précipite pour les regarder, avec des commentaires variés. Celui-ci m'a longtemps fait rire :

« Elles devaient vraiment être très petites au départ... »

On s'apercevra vite que j'ai les mains de tout le monde. Mais dix ans plus tard, il se trouve encore régulièrement des gens pour me dire :

« Je me souviens de vos mains, mon pauvre, quand vous êtes arrivé à Brest et qu'elles avaient doublé de volume ! »

A Choshi, une journaliste américaine a tenu à photographier mes mains. Ce sont mes fesses qu'elle aurait dû prendre ! Car c'est cette partie de mon anatomie qui fatigue le plus.

Les mains, quant à elles, ont bien tenu le coup. Pas

trop d'ampoules et peu de cals. En somme, en vieillissant, l'homme s'amollit de la fesse et s'endurcit de la main!

9 novembre.

La nuit dernière, brusque retour aux réalités avec deux chavirements. Cela faisait trois semaines...

Le premier a été, comme pour me remettre gentiment dans le bain, le moins méchant de tous ceux que j'ai subis jusqu'alors. Le tour complet dans la seconde, l'impression d'avoir rêvé. Je dormais à poings fermés. J'ai été obligé de vérifier le parcours des quelques objets vagabonds pour m'assurer que j'avais bien chaviré! Autant dire un amour de chavirement... Quand même, deux heures plus tôt, j'étais encore dans le cockpit, à ranger les avirons, pas de harnais, beaucoup de vent, si ce genre de chavirement avait eu lieu, le bateau immédiatement redressé m'aurait filé sous le nez!

Second chavirement en fin de nuit. A l'envers, le côté bâbord est tellement lourd, malgré mes efforts pour répartir les charges, que je redresse en ballastant contre la mer et le vent. Vingt minutes de suspense. J'ai eu un mal fou à réagir, m'éclairer à la lampe frontale... La fatigue ralentit mes gestes.

11 novembre.

4 mois!

Nuit bien pénible.

Premier chavirement hier soir vers 20 heures, resté 10-15 minutes à l'envers; je venais de pisser et j'allais vider mon « pot » (un sachet de lyophal) *par-dessus bord via le hublot ouvert. On imagine la suite.*

Froid, très froid.

Ce soir, je rame sous une lune bien brillante, c'est un grand réconfort de penser que je pourrai la garder avec moi jusqu'au bout. Très grande houle d'ouest, 8 mètres, pas désagréable, car elle ne déferle plus. Mais j'ai les nerfs à fleur de peau et ne dors pratiquement plus.

Dialogue radio avec une journaliste qui me demande :

– *A combien êtes-vous de la côte ?*

– *Plus de 400 milles (près de 800 kilomètres).*

– *Ah, vous voyez la côte ?*

Sans commentaires.

12 novembre. J'ai annoncé à Christophe que je visais la Columbia River, arrivée prévue entre le 21 et le 23.

Terrible d'avoir maintenant une arrivée définie en date et en lieu avec la météo en inconnue. Dernière ligne droite. Terrible de penser que jusqu'au bout tout peut arriver, si j'atterris avec un coup de vent notamment.

Vigilant toujours, mais usé, je ne me rends pas compte que je me suis rabougri, tassé, creusé comme un vieillard. Il est temps que l'épreuve se termine.

11.

Le « clochard céleste »

14 novembre. Eddy m'a donné une météo précise : deux profondes dépressions se préparent pour les jours à venir. Près de la côte, là où les fonds remontent brusquement, la mer risque d'être impossible. Un atterrissage au mauvais moment signifierait la catastrophe, il me faut doser ma progression pour arriver au bon moment.

16 novembre. Au début de la nuit, la pression barométrique se casse la figure. Un genre de tornade, vents de 100 kilomètres à l'heure, déferlantes croisées.

La tempête s'enfuit aussi vite qu'elle était arrivée. Le 17, Christophe m'appelle par radiotéléphone depuis un hôtel d'Astoria, le premier grand port sur la Colombia River, dans l'État d'Oregon. Je lui demande de prévoir un bateau et un équipage à toute épreuve pour venir m'accueillir. Pas question, si nous pouvons l'éviter, de compter sur les sauveteurs américains pour me récupérer en mer si le temps est trop mauvais pour tenter un atterrissage, je tiens à ce que nous ayons nous-mêmes une organisation sans faille.

En fin de conversation, j'ai cette réaction étrange : « A l'arrivée, attention, protégez-moi. » Malgré toute mon impatience d'arriver, je crains la confrontation avec tous ces gens, leur parler m'angoisse. Peut-être m'étais-je quand même habitué à cette fichue solitude ?

18 novembre.

Que la fin est dure. Il pleut, une pluie de glace, de la neige fondue...

John Oaks, le patron du *Miss Mary*, n'en revient pas. Ces Français sont fous. Sortir par ce temps, alors que la météo annonce des vents de 70 nœuds, 130 kilomètres à l'heure, des creux de 10 mètres et plus... Et voilà qu'ils lui demandent son bateau pour aller au-devant d'un de leurs compatriotes qui arrive du Japon à bord d'un canot à rames !

Pas étonnant qu'ils n'aient trouvé personne pour les emmener...

John est tout sauf un peureux ; un habitué des campagnes de pêche au large de l'Alaska, qui ne sont pas des promenades pour marins du dimanche. Mais quand même, les passes de la Colombia River, il les connaît : des milles et des milles de brisants, une mer indescriptible par mauvais temps, deux mille naufrages recensés...

Et puis il y a ce type dont tout le monde parle ici depuis quelques jours, un canot de 8 mètres, 30 centimètres de franc-bord, en mer depuis plus de quatre mois...

La décision de John est prise :

– O.K.

19 novembre. Jamais la mer n'a été aussi dure, aussi mauvaise. La proximité de la côte, les courants et surtout le vent qui souffle en tempête ont levé un monstrueux clapot qui court, perpendiculairement à la longue houle du Pacifique. J'ai subi des mers plus creuses, mais celle-ci est d'un genre nouveau, une mer faite pour broyer, une mer tueuse. Ce sont des avalanches, des masses solides qui s'entrechoquent.

Hier, Christophe m'a dit qu'un bateau essaierait de sortir, le *Miss Mary*. Je n'y crois guère. De toute façon, me retrouver par ce temps relèverait du miracle. Mais à bord du *Miss Mary*, il y a Kersauzon ; je sais qu'il tentera l'impossible.

Si Olivier me cherche, il doit être en liaison avec Christophe à terre. Seul relais possible entre eux : la station KMI. Toutes les heures, je ratisse les fréquences, mais ma batterie est presque à plat. Depuis des jours, le ciel est si sombre que les panneaux solaires ne chargent plus. Encore un ou deux essais et je n'aurai même plus assez d'électricité.

John est à la barre du *Miss Mary*, concentré. Le chalutier roule bord sur bord et prend des coups de gîte impressionnants, 30, 35°...

Parfois, tout l'arrière sort de l'eau, l'hélice s'emballe, le bateau vibre puis se cabre, retombe lourdement. La vague suivante submerge le pont, des embruns viennent claquer la passerelle.

Des techniciens de la télévision à l'agonie maudissent le sort injuste qui les a placés sur ce coup. Si encore il y avait le moindre espoir, mais par ce temps... D'ailleurs, à 9 heures du matin, il fait presque nuit.

A la radio, Olivier ne s'avoue pas vaincu. Une fois de plus, il appelle KMI; peut-être Christophe aurait-il eu un contact avec moi?

– KMI, KMI, *Miss Mary* calling you...

– Olivier, ici *Sector*, Gérard qui t'entend!

Sur la passerelle du *Miss Mary*, ma voix a fait l'effet d'un électrochoc. J'envoie ma dernière position. John calcule ma dérive, infléchit sa route. Dans dix minutes, ils seront sur ma zone...

C'est à peine si je l'ai entendue arriver, son rugissement couvert par le fracas ambiant. La déferlante m'a pris par le travers, une fois de plus *Sector* est à l'envers.

Antenne dans l'eau, radio inutilisable donc, je m'apprête à charger le ballast tribord pour redresser quand j'avise ma petite radio portable, la VHF, qui sert pour les conversations rapprochées d'un bateau à l'autre.

– Olivier, Olivier, est-ce que tu m'entends?

Rien, il faudrait être dehors pour que l'antenne rayonne...

Sous la coque, et hors de l'eau maintenant que le bateau est à l'envers, il y a une plaque de bronze destinée à faire « masse » reliée à la radio principale par une tresse en cuivre. A tout hasard, je tente un appel en collant l'antenne de la VHF contre cette tresse.

– Olivier, *Miss Mary*?

– Oui, Gérard, je t'entends, continue à parler, je me guide sur ton émission, nous arrivons!

C'est surréaliste, je décide de rester à l'envers, ainsi *Sector* dérive moins vite.

– Gérard, Gérard, je te vois, nous sommes à 50 mètres de toi!

Et moi enfermé dans ce bateau chaviré qui fait des bonds de 10 mètres, je vais braver cet océan qui décidément n'aura pas ma peau.

– Attention, Olivier, préparez vos caméras, ne manquez pas le spectacle, je vais me remettre à l'endroit devant vous, maintenant!

Et ce sont les gestes tant de fois accomplis, et un *Sector* docile, comme à l'exercice, qui retombe sur sa quille. Quelle démonstration, je suis survolté!

Je reprends ma VHF, je vais appeler le *Miss Mary*, recueillir les félicitations que moi, jeune crétin qui n'a décidément rien appris, j'estime avoir méritées...

Mais le Pacifique n'aime pas les vantards. Mon combat solitaire lui plaisait, mon triomphe en public l'a déçu. La correction sera immédiate, impitoyable. Cueilli, *Sector*, embarqué par une lame de fond, lancé à 20 nœuds, culbuté par l'avant, écrasé sur lui-même, remis à l'endroit et aussitôt chaviré à nouveau, et redressé encore...

J'ai été aplati sur la cloison du cockpit, j'ai la gueule en sang, le dos esquinté, un doigt cassé. Seule la douleur me tient conscient.

Sector, que j'avais fini par croire indestructible,

n'est pas en meilleur état. Le roof est fendu sur 50 centimètres. Et pour que la leçon soit complète, pour que, au cas où je n'aurais pas compris, je n'en tire pas le plus petit profit, du *Miss Mary* ils n'ont rien vu, rien qu'une énorme masse blanche qui m'a pris, emporté et vomi quelques centaines de mètres plus loin.

C'est un vieillard qui apparaîtra aux passagers du *Miss Mary* une heure plus tard. Le regard halluciné, celui que Kersauzon appellera le « clochard céleste » les regarde longuement, sans mot dire, et pleure.

19 heures. Le temps s'est calmé. Dans une mer encore forte, j'ai repris ma route. Le *Miss Mary* est reparti. Les images dantesques de ce matin sont en route pour toutes les télévisions du monde. Dans quelques heures, ma traversée ne sera plus tout à fait à moi...

Le 20, 18 heures.

Le *Miss Mary* est revenu et me suit à distance, à bord on s'agite. Kersauzon tend le bras et me montre quelque chose là-bas, dans mon dos...

Je sais, Olivier, je sais, mais laisse-moi encore quelques heures, quelques minutes au moins, il faut que je me prépare dans ma tête...

Je compte jusqu'à cent, cent coups d'aviron, les plus doux, les plus voluptueux, en rythme parfait avec les vagues... 99... 100!

Je me retourne, debout sur mon siège. La terre est là, une côte montagneuse, splendide, déjà haute sur l'horizon.

La porte de la prison s'est entrebâillée...

Du chalutier on me passe une bouteille de bordeaux et un verre... l'extase!

Malgré la houle, il ne fait pas mauvais. Olivier me dresse un tableau peu encourageant de l'entrée de la Columbia River. Les eaux de ce fleuve, un des plus puissants d'Amérique du Nord, y rencontrent la houle du Pacifique et se livrent à un formidable combat. Des bancs de sable encadrent les passes, que défend une barre infranchissable par mauvais temps, maniable par beau temps mais seulement dans un chenal étroit.

Selon l'heure de la marée, de forts courants peuvent lever la mer brutalement. De plus, la puissance du fleuve joue contre moi et ma progression dans l'embouchure sera lente, très lente, limitée aux quelques heures de la journée pendant lesquelles la force de la marée montante parvient à inverser le courant. La météo nous garantit une douzaine d'heures de beau temps, en cette saison c'est un cadeau qui ne se refuse pas.

Ma décision est vite prise, une décision de marin. Je m'approcherai jusqu'à la barre et là je passerai une remorque au *Miss Mary* pour franchir la zone dangereuse.

Je me suis moi-même fixé les règles de ma traversée : le Pacifique Nord à la rame en complète autonomie. Je pourrais, pour ajouter au panache, tenter le tout pour le tout et espérer toucher terre par mes propres moyens avant que le temps ne se gâte. Un pari très dangereux pour moi et pour ceux qui, maintenant que je suis dans leur secteur, seront éventuellement chargés de me secourir : les garde-côtes américains. Je l'ai dit, et je crois l'avoir démontré : je prends mes risques, mais je n'entends pas en faire prendre à d'autres.

Nous y sommes...

Alors, pour la dernière fois, je reprends mon journal de bord, ce compagnon muet qui m'écoute depuis le petit matin de Choshi et s'est depuis longtemps habitué à mon laconisme.

21 novembre, 2 h 15, passé remorque au Miss Mary pour entrer dans les passes de la Columbia River.

Je sais qu'à bord d'un bateau qui rôde à proximité certains n'attendent que l'aube pour avoir l'occasion de faire la photo du jour : *Sector* remorqué. Qu'importe, la mer a ses règles qui ne sont pas celles du cirque.

Un journaliste écrira que je n'ai pas traversé le Pacifique... Après tout, peut-être a-t-il raison...

Au matin la remorque a cassé. La mer est assez calme, même s'il subsiste un fond de houle. J'ai retrouvé mes avirons.

Olivier rejoint *Sector* à bord d'un Zodiac et me presse de reprendre une remorque, la marée va bientôt s'inverser. Il me montre à bâbord d'énormes brisants ; avec un peu de vent, on imagine ce que ça peut donner. La météo n'est pas encourageante, se faire coincer dans les parages serait courir à la catastrophe.

Beaucoup de bateaux nous ont rejoints.

Grands signes, je dois me mettre à l'écoute radio. D'un hélicoptère qui me survole, la voix de mon père... Puis ce sera le tour de Guillaume, la gorge serrée par l'émotion.

12.

Une seconde de plus...

Le soleil qui n'existait plus a fait sa réapparition. Un oiseau passe, un drôle d'oiseau avec des ailes ridiculement courtes, un oiseau de terre. A tribord une petite feuille surnage, je l'épargne délicatement avec la pelle de mon aviron. Un papillon envisage un instant de se poser sur *Sector* et change d'avis. A propos de *Sector*, je savais bien que quelque chose clochait, mon bateau est devenu léger, si léger!

Et puis, non, c'est normal puisque je suis en train de rêver, il faut bien qu'il y ait quelque chose d'étrange...

Tiens, je n'avais pas remarqué, les berges se sont resserrées, les rives escarpées sont plantées de pins d'Oregon, un petit air de rivière d'Auray, du côté de Kérantré... Et puis, comme dans tous les rêves, les personnages les plus inattendus font leur apparition. Pour se faire passer pour réels, ils ont embarqué sur des bateaux... Tout à l'heure, c'était Bernard, maintenant voici le professeur Boissonas et le docteur Chauve. Tiens, une de mes sœurs et, là-bas, on dirait François, qui parle avec Louis-Noël... Et puis il y en a plein d'autres, ils sont gentils, ceux-là ont une pancarte « *Welcome to Ilwaco* », quel drôle de nom. Ils ont l'air à la fête, ou plutôt non, ils regardent quelque chose, on dirait qu'ils essaient de comprendre...

Bizarre, ce rêve avec tous ces gens et toutes ces couleurs. Surtout bien regarder, quand je vais me réveiller, si je n'ai pas oublié, il faudra que je note tout ça dans mon journal de bord, ça me fera plein de souvenirs, à déguster demain matin quand je ramerai, à nouveau seul, la tête en mal d'images...

On dirait que j'arrive dans un cul-de-sac. L'eau est si calme, je dois dormir très profondément, être loin, très loin de la réalité, ça ne m'est pas arrivé depuis si longtemps. Combien de temps encore avant d'être réveillé par le brusque rappel de l'ancre flottante, une vague un peu plus forte qui va briser le charme? Ou bien le Pacifique m'accorderait-il une trêve, aurais-je gagné sa pitié?

Si ce rêve était vraiment parfait – n'est-ce pas trop demander? –, Cornélia, Guillaume et Ann seraient là-bas, debout, à l'extrémité de ce ponton...

Moi, j'accosterais en douceur, sans bruit, sans rien dire. J'enlèverais mon ciré poisseux, mes bottes puantes, je rangerais soigneusement mes avirons, j'essaierais de gagner du temps, surtout je ne ferais aucun mouvement brusque pour ne pas me réveiller, pour le faire durer, ce rêve dans lequel je suis si bien, une seconde de plus. Une éternité.

Je remercie les partenaires et amis qui ont contribué à rendre cette aventure possible.

Sector Sport Watches
Transpac – Accastillage Diffusion – Air France
Air France Cargo – P.L.B. – Capitaine Cook
Eurest – Go Sport – P.N.B.

ainsi que :

Audiophase – All Nippon Airways – Jean Berret
B.N.P. Issy-les-Moulineaux – Cabinet de Clarens
Le Cercle de la Mer – Chantier naval Le Borgne
Chantier B. & B. – Cie Hydro Technique – C.R.M.
Damart – Dif Tours – Élite Marine
Fédération française des industries nautiques – F.F.S.A.
France Info – Garage Arcillon – Garbolino – Hertz – Hesnault
International Airfeight Services Co. – J.C.D. – Ken Club
Lestra Sport – Lyophal – Mat Equipement – Mecanorem
Nautix – Neste – O.I.P. – Plastimo
Port de plaisance La Trinité-sur-Mer – Ramtonic
Regma Systèmes – Sail France – Semari – Société Ono
Sofomarin – Sony – T.B.S. – 3 M – Transparence Production
U.S. Coast Guards – Veillet International
Ville d'Issy-les-Moulineaux

Ambassade de France à Tokyo
Consulat de France à New York
Consulat de France à San Francisco
Tokyo Power Squadron – Astoria Maritime Museum

Laurent de Bartillat – Charlie Cronheim
Commandant Blanvillain – Eddy Zimansky et son YL
Georges de Marrez – Docteur Chauve – Olivier de Kersauzon
John Oakes – Bruno de La Barre

Christophe – Louis-Noël – Claude Arnoult
Jean-Claude Dufour – Le Scooter de Thomas
Benoît et Philippe – Béatrice – Pierre Yvan
Didier et François – Moze – M. et Mme Takassé – Yagi
Mitsuru – Charles et Thibault – Laurence et François
Raymond – Philippe – Renaud – Sophie – Arnaud – Vincent
Nathalie l'épatante et tant d'autres...

... Et Cornélia pour sa patience...

Table des matières

Table des matières

1. [illegible] grand [illegible] sous le bras [illegible]
2. [illegible]
3. Devant [illegible]
4. [illegible] Cahiers [illegible]
5. [illegible]
6. [illegible]
7. [illegible]
8. [illegible]
9. [illegible]
10. [illegible]
11. [illegible]
12. Une [illegible] 163

[illegible]

« L'AVENTURE CONTINUE »

Didier Regnier
L'AVENTURE DU GRAND RAID
Premier tour du monde en automobile, du Cap à la Terre de Feu, jusqu'aux limites de la résistance.

Dr Jean-Louis Étienne
LE MARCHEUR DU PÔLE
Le fantastique exploit d'un homme seul à la conquête du Pôle. Un suspense glacial de 63 jours et 1 200 km.
Victor de l'Aventure, 1988. Au festival de La Plagne 1986, reçoit le prix du Livre d'aventure vécue, et est élu Aventurier de l'année. Pour le film Papy Pôle, *il reçoit le grand prix du jury et le prix du jury de la presse.*

TRANSANTARCTICA. La traversée du dernier continent.
Une expédition internationale affronte, dans des conditions de vie extrêmes, cette terre de science et de paix, *pour* la paix.
Un film cinéma : Au sud du sud, *1992.*

Cyril Neveu
AU KILOMÈTRE 250... À la hauteur de la plus grande dune, ne pas se laisser perturber par des traces en direction du sud. Le témoignage passionné de celui qui fut plusieurs fois victorieux du Paris-Dakar à moto.
Victor de la Performance, 1987.

Patrice Franceschi
LA FOLLE ÉQUIPÉE. Le premier tour du monde en ULM.
L'Aventure avec un grand A. 36 pays survolés... et un courage à la hauteur du risque !
Victor de l'Aventurier, 1987. Reçoit le prix du Livre d'aventure vécue, festival de La Plagne 1987, et est élu Aventurier de l'année.

QUI A BU L'EAU DU NIL... Aventure d'Afrique.
Le Nil, en solitaire, de sa source à la mer. Des paysages et des rencontres inoubliables.

SEUL

RAID PAPOU. Une incursion dans la préhistoire.
La traversée du dernier territoire préhistorique de la planète, au centre de la Nouvelle-Guinée indonésienne, où vivent des centaines de tribus papoues.

Stéphane Peyron
L'HOMME QUI GLISSAIT SUR LES EAUX. L'Atlantique Nord en 46 jours, sur une planche à voile.
Un pari insensé. Un demi-siècle après Lindbergh, l'Atlantique est vaincu.

Cynthia Moss
LA LONGUE MARCHE DES ÉLÉPHANTS. Treize années avec les grands troupeaux du Kenya.
Une chronique étonnante sur la vie quotidienne des éléphants.

Joe Kane
VAINCRE L'AMAZONE. Des sources à l'océan.
La descente du plus grand fleuve du monde, en kayak, en raft et à pied.

Michel Peissel
ITZA ou le mystère du naufrage maya.
Pour élucider le mystère de l'effondrement de l'Empire maya, un périple maritime mouvementé, en pirogue, sur les traces des princes Itza.

LA ROUTE DE L'AMBRE. De la Baltique à la mer Noire, dans le sillage des Vikings russes.
Près de douze siècles après les Varègues, la descente de la Dvina et la remontée du Dniepr sur 2 400 km de fleuves.

Éric, Yann, Luc, Toff, Thierry
LE TOUR DU MONDE EN TRACTION
Un tour du monde insolite du plaisir et de la découverte, à bord de deux *tractions* increvables.

Éric Dumont
LES AVENTURIERS DE L'IMPOSSIBLE
Florence Arthaud, Jean-Louis Étienne, Philippe Poupon... que cherchent-ils vraiment? Portraits de ceux qui voyagent jusqu'au bout d'eux-mêmes.

Robert Hutchinson
SUR LES TRACES DU YÉTI. Le toit du monde : imaginaire et réalité. Depuis Alexandre le Grand, le yéti hante autant l'Himalaya que l'imagination des hommes. Une enquête et un hymne à la gloire du Népal.

Xavier Maniguet
LES DENTS DE LA MORT. Les plus grands prédateurs des mers : les requins. Terreurs mythiques et dangers réels.
Des récits captivants par un grand spécialiste. Des photographies impressionnantes.

Jean d'Orgeix
L'AVENTURE RETROUVÉE. A 70 ans, le nouveau pari du chevalier d'Orgeix : de Marseille à Calcutta, 10 mois de raid en canot pneumatique. Avec sa femme, Nathalie, et son chien Boby.

Philippe Frey
NOMADE BLANC. Le Sahara d'est en ouest en solitaire.
A pied et à dos de chameau, 9 mois d'une odyssée sans nom. A travers des pays en guerre, une victoire sur un désert mythique.
Toison d'Or du Livre d'aventure, Dijon, 1992.
Grand Prix Jules Verne de l'Académie de Bretagne, 1992.

Nicolas Vanier
TRANSSIBÉRIE. Le mythe sauvage. Un an et demi dans la taïga, de la Mongolie à l'océan Arctique.
Une fabuleuse randonnée au cœur d'un des seuls territoires vierges de la planète.
Bientôt un grand film.

SEUL

Henry de Monfreid
MES VIES D'AVENTURES. Le feu de Saint-Elme.
Les plus belles aventures d'un homme de légende, modèle pour grand nombre d'aventuriers.

Kuki Gallmann
JE RÊVAIS DE L'AFRIQUE
En souvenir de son fils et de son mari, une femme fonde seule une nouvelle « ferme africaine ». Immense et superbe réserve au Kenya.

Gérard d'Aboville
SEUL
Un pari fou, une immense aventure humaine. L'homme qui est allé au-delà de « l'aventure ».
Toison d'Or du Film d'aventure et Toison d'Or de l'Aventurier de l'année, Dijon, 1992.

Cet ouvrage a été réalisé par la
SOCIÉTÉ NOUVELLE FIRMIN-DIDOT
Mesnil-sur-l'Estrée
pour le compte des Éditions Robert Laffont
en août 1992

Imprimé en France
Dépôt légal : juin 1992
N° d'édition : 34292 – N° d'impression : 21587